二〇一一年作者近照

劉再復自傳之二

我的心靈史

劉再復

我的心灵史

第一章　　少小时代的心灵泉水

七岁上学的时候，我父亲（刘□事洲）回来去世。父亲的突然去世，给我的身心以巨大的打击。那一刻，我忽然地感到自己已成为我□新兴的责任。因为我是长子，父亲留下三个儿子，我是老大，有责任坚强支撑两个弟弟（刘□敏、刘□□）。然而，这是平俗。主要的层面，我还不懂得如何做人。

父亲去后，母亲（萧锦芳）带着我们三已回到四乡村（福建省□主持镇头镇刘林乡），我也重新进入高小学开始读书，遍地□靠人和远友主两三市里去参见后。我发现自己靠困读书平，是十多岁那一年的秋天。我之舅父（萧重青），从他之工作单位（他是闽主中学之生物教师）给我家里看过他之姐姐，我之母亲……

No.

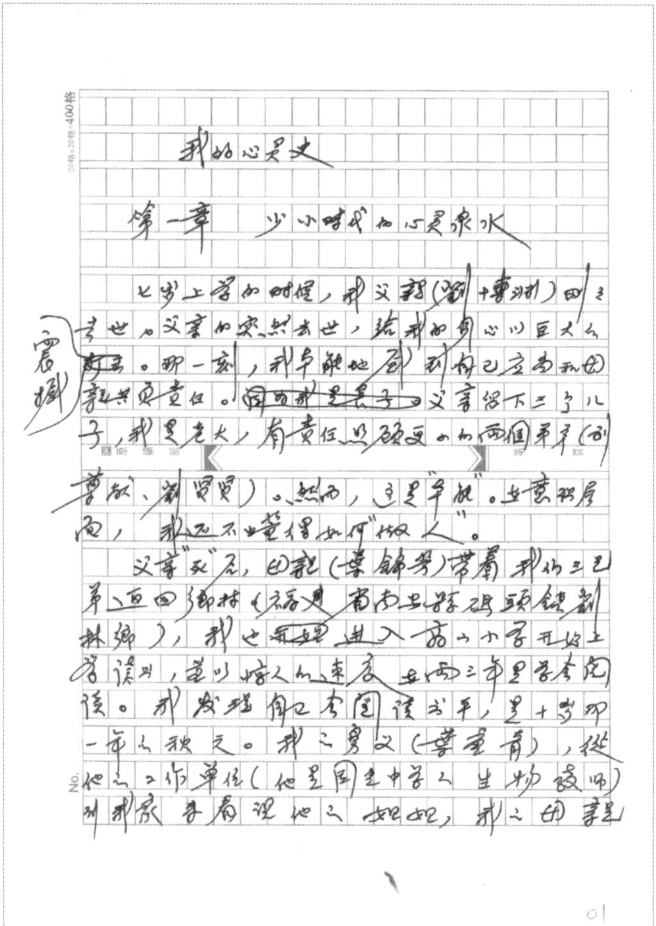

錢鍾書先生讚劉再復文章「有目共賞」

一九五五年，劉再復與初中成功中學同學。前排女生是劉再復妻子陳菲亞，第二排右三男生是劉再復。

一九七八年秋天，劉再復與妻子陳菲亞於北京頤和園。

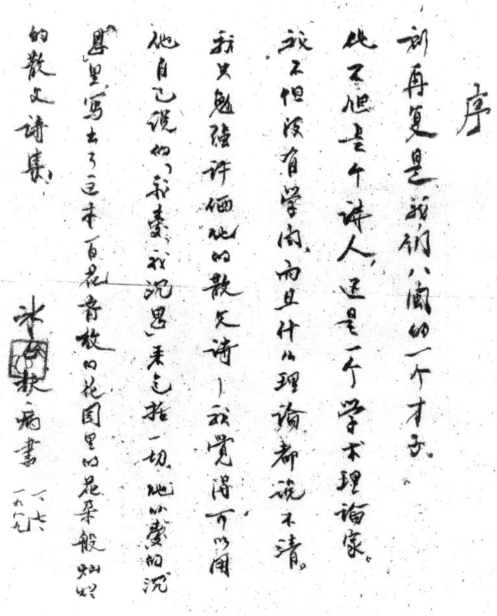
序

刘再复是我们八闽的一个才子，
他不但是个诗人，还是一个学术理论家。
我不但没有学问，而且什么理论都说不清。
我只勉强读过他的散文诗，我觉得可以用
他自己说的「我爱，我沉思」来包括一切，他以爱的沉
思」里写出了这本百花齐放的花园里的花朵般灿烂
的散文诗集。

冰心 扶病书

一九八九、七、

年近九旬的冰心為劉再復之散文集作序

一九八五年，冰心（左）與劉再復（右）於北京相聚。

一九九五年，查良鏞（左）與劉再復（右）在香港。

一九九二年，劉再復（左一）與女兒劉蓮（左二）、劉劍梅（右二）、妻子陳菲亞（右一）在美國總統山。

目錄

自序

《我的心靈史》自序

二〇〇八年攝於美國馬里蘭州郊外湖邊

柳鳴九先生主編「當代思想者自述叢書」，邀約我加入。答應之後，我才發現「自述」的條件並不成熟。因為通常「自述史」，總是迴避不了「生平史」，尤其是生平史中的關鍵性事件，例如我就迴避不了一九八九年政治風波那個舉世皆知的事件。在那個大事件中，我經歷過回國（從美國回到中國）、參與（儘管是被動參與）、逃離（經香港又逃亡到美國）、漂泊（到過四十多個國家）、反思。這段經歷，涉及很具體的歷史場景、歷史人物和自身的許多感受，甚至涉及今天我對那個事件的理性評價。

本書構思中，曾叩問過「自傳」是按主題分野形式分別寫出，還是按傳統的寫法編年自敘更好。想了想，覺得各有長處，試試吧，反正寫作就是試驗，不妨再試驗一次。於是，我就把「自述史」分解為「拚搏史」、「思想史」、「心靈史」、「錯誤史」、「寫作史」等五種，統稱為「五史自傳」。先完成「寫作史」以還債。其他各史留待以後再說。

不管怎麼寫，還是寫作態度最為重要。好在早已確定寫作應以說真話為本，真話雖然並非就是真理，但它卻是通向真理的前提。以往「說真話」是做人常識，現在則需要有些勇氣；「正直」本來是人的常態，現在則需要修煉才能抵達。這是時代的進步還是退步？當然是退步。寫作時，才明白對政府說真話難，而對朋友說真話也很難，甚至對自己的學生和子弟說真話也難。最後，覺得對自己說真話也不容易。在大時代的潮流中，自己固然當過「弄潮兒」，但也當過「隨波逐流者」；既當過「時代的先鋒」，也當過「時代的尾巴」；既有「知識」，也很「無知」。因此，「自傳」除了應當面對「主體的飛揚」之外，還應當面對「主體的黑暗」。也就是說，自己要對自己說真話，就必須戰勝自己的面子、自己的幼稚、自己的虛榮、自己的性格弱點等，所以也不是容易的事。

這部自述史，雖寫於美國，但全靠身在中國的表弟葉鴻基先生為我錄下文稿。因此，除了要感謝香港三聯負責人侯明兄、特約編輯王飆先生、責任編輯張艷玲小姐外（沒有他們的鼓勵和支持，此稿不可能單獨問世），還要感謝葉鴻基表弟。

二〇一六年秋天，香港清水灣

前言

人，應該是「身」、「心」、「靈」三者合一的有機體。心性處於身與心之間，心靈則在心與靈之間。身的部分具有更多的生物性，靈的部分則具有更多的神性。心靈，擁有人性，也擁有神性。我說文學的事業乃是心靈的事業，便是說，它是人性與神性交匯的事業。人性是文學的基本點，神性是人性的昇華點。為了贏得人性的真實，作家的身、心、靈必須全部投入；然而，真正呈現文學價值的，乃是心對身的提升和靈對心的提升。我的人生是從事文學的人生，因此，我的歷史，既是文學的歷史，也是心靈的歷史。

我的心靈伴隨我的身體不斷生長。但身體的生長在母腹中就開始了，呱呱墜地後更是與日俱長。而心靈的生長則始於閱讀。我七歲上學，大約十歲時才開始閱讀課外書籍。

第一章

少小時代的心靈泉水

一九八九年攝於美國紐約自由女神像前

七歲上學的時候，我父親（劉博淵）剛剛去世。父親的突然去世，給我的身心以巨大的震撼。那一刻，我本能地感覺到，自己應當和母親共同擔負家庭「責任」。父親留下三個兒子，我是老大，有責任照顧更小的兩個弟弟（劉尊獻、劉賢賢）。然而，這只是本能，在意識層面，我還不懂得如何「做人」。

父親去世後，母親（葉錦芳）帶着我們三兄弟回到鄉村（福建省南安縣碼頭鎮劉林鄉亭頭村（曾改為高山村）），我進入高山小學，開始上學讀書，並以驚人的速度在兩三年裏學會了閱讀。我發現自己會閱讀書本，是十歲那年的秋天。我的舅舅（葉重青）從他的工作單位（他是國光中學的生物教師）到我家來看望他的姐姐，我的母親。那時，我的外祖父（葉清琪）、外祖母（侯水娘）和我們住在一起。舅舅給我帶來一件禮物，這是一本書，一本叫作《普希金童話詩》的書。拿到這書本，我既興奮，又好奇，立即打開書頁。就在那個時刻，我發現了自己已經能夠讀書。於是，我把書帶到屋後的大榕樹下，獨自一篇一篇地讀下去。有時還讀出聲，但不知道那叫作「朗誦」。每一篇童話都讓我感到新鮮，尤其是《漁夫和金魚的故事》，我讀後就把故事的每一個細節都記住了，當天晚上就講給媽媽聽，第二天又講給外祖父外祖母聽。後來我才知道，這篇童話詩，是我心靈的第一股泉水，它不僅滋潤了我的整個童年，而且會滋潤我的整個人生。這首童話詩是我心靈的第一課，從那時候起，我的心靈開始生長了。

十二歲時，我小學畢業，升入成功中學（只有初中部）；十五歲初中畢業後，又升入國光中學（免考，被保送）。無論是在初中期間，還是在高中期間，我都給同學們講過漁夫和金魚的故事。這個故事中的三個形象，銘刻在我幼小的心間，分別在我的心靈中生根發芽。老漁夫教育我，要懂得善良，懂得寬容、寬厚，抓到小金魚，應當把牠放回大海，讓牠重新獲得生命與自由。小金魚則教育我，要懂得感激，懂得報答，懂得兌現自己的許諾。老漁夫把小金魚放回大海，牠許下諾言，將滿足老漁夫的一切要求，果然，老漁夫為他的老太婆要求的一切（從木盆、木房子到金碧輝煌的宮殿），小金魚都付諸現實；老太婆的所有夢想與慾求，牠都給予滿足。一九八九年我出國之後，在《七十年代》

雜誌上寫過一篇散文，題為《小金魚的心靈》，寫的是我給小女兒劉蓮講述小金魚的故事，希望她也有一顆知道感激的心靈，這是絕對的善。沒想到小蓮從小就自願地皈依基督教，青年時代又皈依佛教，時時心存感激變成她的心靈訴求。她對我說，我們一家都是被神放回大海的金魚，今天能贏得自由的大海，應當感激冥冥之中那股幫助我們的力量。童話詩中的老太婆，則從小就給我提供了一面鏡子。在人生六十多年的長途中，這個老太婆總是讓我知道警惕，不要貪得無厭，切勿不知滿足，這一直是我的「警己通言」。今天，這個老太婆的形象仍然在我心中發酵。我在課堂上曾如此闡釋這個老太婆：人有慾望，是可以理解的。慾望有兩面性，一面確實是動力，另一面則是魔鬼。它的確會驅使人去努力，去奮鬥，去進取，特別是高級慾望，如求知的慾望，欣賞藝術的慾望，為群體、為國家獻身的慾望，等等，這些都不能簡單地界定為「惡」。但慾望又確實會成為人內心的「惡」，無休止地追求權力、財富、功名，的確會使人鬼迷心竅。德國哲學家叔本華就發現，這種魔鬼不得了，它永遠不知滿足，小慾望滿足了，還會產生大慾望。從這一意義上說，人乃是慾望的人質與奴隸，一切罪惡都來自這個無法戰勝的魔鬼。童話詩中的這個老太婆，原先只有小慾望，但小慾望滿足之後，她又產生了更大的慾望。慾望不斷膨脹，小金魚還是不斷地予以滿足。可是，老太婆沒有今人的「底線」意識，最終越過底線而引起小金魚的憤怒。人本有慾望的權利，因此對於慾望，簡單地加以消滅顯然行不通。我國宋代的儒家聖者朱熹，只看到慾望的黑暗面，所以強調「聖人千言萬語，只教人存天理滅人欲」，主張消滅慾望。但實踐證明，這是行不通的。然而，放縱慾望，任憑慾望膨脹橫行，也行不通。因此從社會倫理層面上說，唯有對慾望進行「制衡」，讓慾望遵循法度才可以。而從個人的道德要求而言，則需要掌握好慾望的分寸，也就是今天人們所講的「底線」。普希金的這首詩中有一條底線，就是「我可以滿足你的慾望，但你不可剝奪我的自由」。我常常重溫這首童話詩，也常常提醒自己，切不可超越慾望的底線，即良心底線。中國歷來的帝王對待自己的臣民，就往往越過慾望的底線。統治者要求人民交租納稅，讓皇帝擁有巍峨華美的宮廷和妻妾成群的生活，人民都可以容忍；但要求人民甘當奴隸奴才，甚至要求人民甘當牛馬，忍受自己的主宰與折磨，人民就會反抗。所謂「物極必反」，就是說專制統治達到一定的極限，就會走向反面。那個貪婪的老太婆最後引起了小金魚的憤怒，喪失掉已經得到的一切，就是因為她想主宰小金魚的慾望讓小金魚無法忍受。老漁夫放生小金魚，牠感激，是因為老漁夫給牠生命與自由；而老太婆企圖主宰小金魚，牠憤怒，是因為老太婆要剝奪牠的生命與自由。

舅舅送我《普希金童話詩》，我談論這首詩，最初只想到要像老漁夫那樣善良，像小金魚那樣知道「心存感激」，而不要像老太婆那樣貪婪，並沒有後來想得那麼多。但是，自從這一股清泉流入我心靈之後，我便感覺到自己和往日不再相同了。道德進入我的生命，這是我心靈生長的第一步。

這首童話詩，現在的孩子們可能不再閱讀了。而我還是希望有些孩子能夠看看，所以我把它摘錄於下：

漁夫和金魚的故事

從前有個老頭兒和他的老太婆，住在蔚藍的大海邊；他們同住在一所破舊的小泥棚裏，整整地過了三十又三年。老頭兒出去撒網打魚，老太婆在家紡紗績線。有一次老頭兒向大海撒下網，——拖上來的是一網水藻。他再撒了一次網，——拖上來的是一網海草。他又撒下第三次網，——這次網到了一條魚，不是一條平常的魚，——是條金魚。金魚苦苦地哀求！她用人的聲音說着話：「老爹爹，你把我放回海裏去吧！我要給你貴重的報酬：為了贖回我自己，你要什麼都可以。」老頭兒大吃一驚，心裏還有些害怕：他打魚打了三十又三年，從沒有聽說魚會說話。他放了那條金魚，還對她講了幾句親切的話：「上帝保佑你，金魚！我不要你的報酬；回到蔚藍的大海裏去吧，在那兒自由自在地漫遊。」

老頭兒回到老太婆那兒去，向她講起這件天大的怪事情。「我今天捉到一條魚，是條金魚，不是條平常的魚；這條魚講着我們的話，請求我把她放回蔚藍的大海，她要拿貴重的代價來贖她的身子：為了贖回她自己，我要什麼都可以。我不敢要她的報酬；就這樣把她放回蔚藍的大海。」老太婆指着老頭兒就罵：「你這個蠢貨，真是個傻瓜！你不敢拿這條魚的報酬！就是向她要一個木盆也好，我們的那個已經破得不成話。」

於是老頭兒就走向蔚藍的大海；看見，——大海在輕微地波動起來。他就開始叫喚金魚，金魚向他游過來，問道：「你要什麼啊，老爹爹？」老頭兒向她行了個禮，回答道：「魚娘娘，你做做好事吧！我的老太婆把我大罵，不讓我這個老頭兒安靜：她想要一個新木盆；我們那個已經破得不像話。」金魚回答道：「用不着難過，去吧，上帝保佑你，你們馬上就會有個新木盆。」

老頭兒回到老太婆那兒去，看見老太婆果然有了一個新木盆。這次老太婆罵得更厲害：「你這個蠢貨，真是個傻瓜！只要了一個新木盆，你真蠢！木盆能有多大用處？蠢貨，滾回到金魚那兒去；向她行個禮，向她要座木房子。」

於是老頭兒又走向蔚藍的大海，（蔚藍的大海發起渾來。）他就開始叫喚金魚，金魚向他游過來，問道：「你要什麼啊，老爹爹？」老頭兒向她行個禮，回答道：「魚娘娘，你做做好事吧！老太婆罵得我更厲害，不讓我這個老頭兒安靜：愛吵鬧的婆娘要座木房子。」金魚回答道：「用不着難過，去吧，上帝保佑你，就這樣吧：你們準會有座木房子。」

老頭兒走向自己的小泥棚，小泥棚已經無影無蹤；在他的面前，是座有明亮的房間的木房子，裝着磚砌的白煙囱，還有橡樹木板釘成的大門。老太婆坐在窗下，指着丈夫就破口大罵：「你這個蠢貨，真是個地道的傻瓜！只要了座木房子，你真傻！滾回去，向金魚行個禮說：我不高興再做平凡的農婦，我要做個世襲的貴婦人。」

老頭兒又走向蔚藍的大海，（蔚藍的海水不安靜起來。）他就開始叫喚金魚，金魚向他游過來，問道：「你要什麼啊，老爹爹？」老頭兒向她行了個禮，回答道：「魚娘娘，你做做好事吧！老太婆的脾氣發得比以前更加大，不讓我這個老頭兒安靜：她已經不高興再做農婦，她要做個世襲的貴婦人。」金魚回答說：「用不着難過，去吧，上帝保佑你。」

……………

他們找到老頭兒，帶到她的面前來。老太婆對老頭兒說：「滾回去，向金魚行個禮說：我不高興再做自由自在的女皇，我要當海上的女霸王，這樣我就可以生活在大海洋上，讓金魚來侍奉我，還要她供我使喚。」

老頭兒不敢違抗，也不敢說什麼話來阻擋。於是他就走向蔚藍的大海，看見海面上起了黑色的大風浪：激怒的波濤翻動起來，在奔騰，在怒吼。他就開始叫喚金魚，金魚向他游過來，問道：「你要什麼啊，老爹爹？」老頭兒向她行了個禮，回答說：「魚娘娘，你做做好事吧！我怎麼才能對付我哪個該死的婆娘？她已經不高興再做女皇，她要當海上的女霸王：這樣她可以生活在大海洋上，你親自去侍奉她，還要供她使喚。」金魚什麼話都沒有講，只用尾巴在水裏一劃，就游進了深深的大海。老頭兒長久地站在海邊等候回音，沒有等到，就走回到老太婆那兒去——一看：在他的面前依舊是那所小泥棚；他的老太婆正坐在門檻上，擺在她前面的，還是那個破木盆。

（戈寶權譯）

閱讀普希金的童話詩時，我在讀小學四年級。過了兩年，我升入成功中學。一進學校，我就尋找圖書館。但學校沒有圖書館，只有教導主任的妻子（也是我的老師）代行管理的幾架圖書。她脾氣很好，知道我愛讀書，就任我挑選。我一眼就盯上了《安徒生童話》。借回宿舍閱讀之後，我興奮得睡不着覺，另一股清泉又注入我的心靈。那是安徒生著名的童話《賣火柴的小女孩》。但那個時候，我並不知道安徒生是著名的童話作家。

這個故事很短。摘錄如下：

賣火柴的小女孩

天氣冷得可怕。正在下雪，黑暗的夜幕開始垂下來了。這是這年最後的一夜——新年的前夕。在這樣的寒冷和黑暗中，有一個光頭赤腳的小女孩正在街上走着。是的，她離開家的時候還穿着一雙拖鞋，但那又有什麼用呢？那是一雙非常大的拖鞋——那麼大，最近她媽媽一直在穿着。當她匆忙地越過街道的時候，兩輛馬車飛奔着闖過來，弄得這小姑娘把鞋跑落了。有一隻她怎樣也尋不到，另一隻又被一個男孩子撿起來，拿着逃走了。這男孩子還說，等他自己將來有孩子的時候，可以把它當作一個搖籃來使用。

現在這小姑娘只好赤着一雙小腳走。小腳已經凍得發紅發青了。她有許多火柴包在一個舊圍裙裏；她手中還拿着一紮。這一整天誰也沒有向她買過一根；誰也沒有給她一個銅板。

可憐的小姑娘！她又餓又凍地向前走，簡直是一幅愁苦的畫面。雪花落到她金黃的長頭髮上——它捲曲地鋪散在她的肩上，看起來非常美麗。不過她並沒有想到自己的漂亮。所有的窗子都射出光來，街上飄着一股烤鵝肉的香味。的確，這是除夕。她在想這件事情。

那兒有兩座房子，其中一座房子比另一座更向街心伸出一點，她便在這個牆角裏坐下來，縮做一團。她把一雙小腳也縮進來，不過她感到更冷。她不敢回到家裏去，因為她沒有賣掉一根火柴，沒有賺到一個銅板。她的父親一定會打她，而且家裏也是很冷的，因為他們頭上只有一個風可以從那上面灌進來的屋頂，雖然最大的裂口已經用草和破布堵住了。

她的一雙小手幾乎凍僵了。唉！哪怕一根小火柴對她也是有好處的。只要她敢抽出一根來，在牆上擦着了，就可以暖手！最後她抽出一根來了。哧！它燃起來了，冒出火光來了！當她把手覆在上面的時候，它便變成了一朵溫暖、光明的火焰，像一根小小的蠟燭。這是一道美麗的小光！小姑娘覺得真像坐在一個鐵火爐旁邊一樣：它有光亮的黃銅圓捏手和黃銅爐身。火燒得那麼歡，那麼暖，那麼美！唉，這是怎麼一回事兒？當小姑娘剛剛伸出一雙腳、打算暖一暖腳的時候，火焰就忽然熄滅了！火爐也不見了。她坐在那兒，手中只有燒過了的火柴。

……………

「現在又有一個什麼人死去了。」小姑娘說，因為她的老祖母曾經說過：天上落下一顆星，地上就有一個靈魂升到上帝那兒去。老祖母是唯一對她好的人，但是現在已經死了。

她在牆上又擦了一根火柴。它把四周都照亮了；在這亮光中老祖母出現了。她顯得那麼光明，那麼溫柔，那麼和藹。

「祖母！」小姑娘叫起來。「啊！請把我帶走吧！我知道，這火柴一滅掉，你就會不見了，你就會像那個溫暖的火爐，那隻美麗的烤鵝，那棵幸福的聖誕樹一樣地不見了！」

於是她急忙把整束火柴中剩下的火柴都擦亮了，因為她非常想把祖母留住。這些火柴發出強烈的光芒，照得比大白天還要明朗。祖母從來沒有像現在這樣顯得美麗和高大。她把小姑娘抱起來，摟到懷裏。她們兩人在光明和快樂中飛走了，愈飛愈高，飛到既沒有寒冷，也沒有饑餓，也沒有憂愁的那塊地方——她們是跟上帝在一起。

不過在一個寒冷的清晨，這個小姑娘卻坐在一個牆角裏；她的雙頰通紅，嘴唇發出微笑，她已經死了——在舊年的除夕凍死了。新年的太陽升起來了，照着她小小的屍體！

她坐在那兒，手中還捏着火柴——其中有一紮差不多都燒光了。「她想把自己暖和一下。」人們說。誰也不知道：她曾經看到過多麼美麗的東西，她曾經是多麼光榮地跟祖母一起，走到新年的幸福中去。

（葉君健譯）

這個賣火柴的小姑娘首先喚起的是我自己的經驗。小時候我家很窮，和小姑娘的境遇差不多。我的家鄉雖然不下雪，但冬天還是很冷，我能體會到小姑娘備受寒冷的滋味。在寒冷的冬天，我也產生過幻想：家裏有一堆火，除了發放光明之外，還能發放溫暖。因此，小姑娘的火柴的發光發暖，便讓我特別嚮往。除了身世的共鳴之外，我還從這篇童話裏明白了一個大道理：

給人製造光明的人，自己卻站立在黑暗中，如同賣火柴的小姑娘。給人製造溫暖的人，自己卻站立在寒冷中，如同賣火柴的小姑娘。於是，從那個時候起，我的思想底層便一直站立着這個小姑娘，也一直想到這個簡單而又深邃的道理。

在後來的生活中，我常常經受委屈，常常感受到黑暗與寒冷，但很少唉聲歎氣，怨天尤人。做了一些好事，也不要求社會給自己回報。直到今天，我還覺得，小姑娘劃亮的火柴的那團幽光，一直在我內心深處閃耀。因此，上個世紀八、九十年代，我閱讀高行健的《一個人的聖經》時就特別激動。他在書中寫道：我找到的所謂靈山，是心靈中那一點永遠不會熄滅的幽光。我便聯想起自己的童年時代，那個賣火柴的小姑娘為我播下的那一脈光明，正是我的靈山——我的心靈的山脈，山脈裏有清泉，有火炬，有暖流。釋迦牟尼住在靈山上，小姑娘立在雪地裏，但其暗示的人生道理是一樣的。

第二章

小青年時代的人性積澱

一九九二年攝於美國科羅拉多

十五歲那年（一九五六年）的夏秋，我從成功中學（初中）畢業，升入國光中學（高中）。這是我人生的一大樞紐點。

國光中學是一所華僑中學，由著名華僑領袖陳嘉庚先生的女婿李光前先生創辦。我曾寫過一篇《國光頌》，這樣描述我的母校：

國光中學，我熱愛的母校。坐落梅山，以臨八閩。母校如同母親，亦慈亦慧，且嚴且明，她既給我知識，又給我溫暖；既教我讀書，又教我做人；既賦予我身體健康，又賦予我靈魂健康。高中期間，我就在母親懷裏閱覽中國與西方古典文學名著，並積澱下歷史與哲學諸種人文基石。那座滄海般的圖書館，更是我眷戀不已的故鄉。無論走到哪個天涯海角，哪個山邊河岸，我都以「國光子弟」為榮。

國光中學，誕生於一九四三年。她是著名華僑人士李光前先生所創辦。問世之初，就秉承以公立世、以毅處事、好學深思、崇尚真理的校風馳名於遐邇。之後雖歷經風雲變幻，但其精神品格始終不移不遷。七十多年來，「國光」聲譽遠播，輝及八方。如今已成為中國示範性的金牌中學。

國光中學創辦後不久，便以開放性和國際性彰顯特色，並獨領風騷。其學子不僅來自全國各地，而且來自東南亞各國。教師團隊更是精英匯聚，智者雲集。由於師生汗水的澤溉，校園總是花木繁盛，詩意盎然。黎明時分，母校便與旭日同升，書聲四起於課室，青春洋溢於操場。動時如歌，靜時如畫。

母校薪火，相傳已七十餘載。各代學子均以上下求索為快樂，以獻身社會為宗旨，以品學兼隆為目標。孜孜修煉的乃是真人品、真學業、真生命質量。母校不僅以其樓閣的華美富麗令人傾慕，更以精神境界的不同凡俗讓海內外欽佩。黃回綠轉，日積月累，母校已形成德才兩全、為國爭光的優秀傳統。此傳統實乃眾之燈，國之幸，教育之星辰。

二〇一六年秋

在這首「頌歌」中，我特別提到圖書館，稱它為「眷戀不已的故鄉」。真的是這樣。這座圖書館對我的一生影響太大了。因為有李光前先生財富的支持，所以國光中學不僅校舍特別華美，而且擁有一個標本特別豐富的科學館（藏有千百種動物標本）和一個藏書特別豐富的圖書館。我第一次走進圖書館的時候，簡直驚呆了——世上竟有這麼多的書本和期刊！科學，文學，哲學，藝術，歷史，什麼書都有。馬克思、恩格斯、列寧，荷馬、柏拉圖、亞里斯多德，但丁，莎士比亞、休謨，笛卡兒、巴爾扎克、雨果，康德、黑格爾、歌德，普希金、托爾斯泰、高爾基，惠特曼，當然還有中國的李白、杜甫、蘇東坡……呵，什麼偉人都在這裏，什麼大書這裏都有。這是夢幻嗎？不是！這是我的學校的圖書館，這是我的圖書館！三大間閱覽室陳列着數百種刊物雜誌，從《人民文學》到《北京文藝》、《福建文學》，琳琅滿目，我都有閱讀的權利。太好了，我來到了人間天堂，每一本書、每一種雜誌都是天堂的擺設。我要在這所學校裏學習整整三年，一千多個日夜，我一定要每天都到這裏。我要在這裏朝聖，在這裏成長，在這裏豐富自己。我從事文學一輩子，最後定義的文學，就是能夠豐富自己心靈的那種自由審美形式，也許正是在這裏明確的。走進圖書館的那一瞬間，我渾身就燃燒起來，心臟跳得厲害。一定要讀遍這裏的每一本文學書、歷史書、哲學書！我暗暗下定決心。

進入國光中學的第一個學期，全校舉行徵文比賽（分高中部與初中部兩個賽區），我出於好奇，把一篇散文投進「徵文比賽專用箱」。過了一個半月，學校公佈徵文比賽結果，我竟然得了高中部第一名！我們班的語文老師王禧民先生還在課堂上講評了我的作文。他鼓勵我：你有文學天分，以後就多讀文學書吧。他的話給了我巨大的鼓舞。但我對自己說：不是以後，而是從現在開始，我就要多讀文學書，讀詩歌，讀小說，讀散文，讀戲劇，讀中國，讀世界。真的，從那個時候起，我完全「瘋」了，瘋狂地閱讀，瘋狂地吸收，瘋狂地做筆記。我天天到圖書館看書，翻雜誌，在閱覽室裏沉醉如癡。管理圖書館的李東片老師被我感動了。高一學年結束的那個暑假，他把圖書館的鑰匙放到我的手裏：「假期圖書館就交給你了。你幫我開門關門，管好書。」我興奮得幾乎是對他宣誓：「李老師，請放心，我天天都在圖書館，每天每夜都在圖書館，我保證管好圖書館！雜誌一本也不會丟！」就在那個暑假，我讀完朱生豪翻譯的莎士比亞戲劇集。三十多部劇本，每一部都讓我癡迷，讓我沉醉，讓我發瘋。我先讀了《羅密歐與茱麗葉》，又讀了《哈姆雷特》、《李爾王》、《奧賽羅》、《麥克白》這四大悲劇，之後便讀《威尼斯商人》、《暴風雨》、《雅典的泰門》、《仲夏夜之夢》等，一天一本，越讀越感到「害怕」——讀完了怎麼辦？這麼精彩的作品，讀完了怎麼辦？這麼美好的語言，這麼美好的形象，我恨不得把它們全部吞到肚子裏，全都刻在腦海裏，心靈裏。讀完了，但未吞下去，該怎麼辦？

高中三年，是我全身心投入文學閱讀的三年。那時的我，單純，單一，單戀（對文學的愛戀），完全不知道文學還可以帶來功名，帶來榮譽，寫文章只為了練筆，只為了增強寫作本領，完全沒有功利之思。高一的時候，我讀冰心，讀泰戈爾，讀高爾基的三部曲——《我的童年》、《在人間》、《我的大學》。冰心、泰戈爾和早期的高爾基，其共同特點也正是單純，單一，單戀。我把冰心的《致小讀者》讀完了，把書的封面都讀破了。她和鄭振鐸翻譯的泰戈爾的《飛鳥集》、《新月集》、《吉檀迦利》，我天天讀，日日誦，《飛鳥集》更是我小青年時代的「聖經」。其中的許多句子，我會背誦引用，會在同學面前炫耀：

青草雖小，但它擁有足下廣闊的大地。

當我們謙卑的時候，便是我們接近偉大的時候。

感謝上帝，我不是一個權力的輪子，而是被壓在這輪子下的活人而已。

錯誤經不起失敗，真理卻不怕失敗。

感謝火焰給你光明，但是不要忘了那執燈的人，他是堅韌地站在黑暗中呢！

上帝從創造中發現他自己。

不要因為你自己沒有胃口，而去責備你的食物。

上帝的巨大威權是在柔和的微風裏，而不是狂風暴雨中。

當人是獸時，他比獸還壞。
愛充實了生命，正如盛滿了酒的世界。
「我相信你的愛」，讓這句做我的結束語。

還有冰心翻譯的《吉檀迦利》，我不知道讀了多少遍。我後來喜歡寫作散文詩，其種子就是在這個時期的閱讀中播下的。我一段段地背誦，至今還記得第七十三節的幾句：

在萬千歡愉的約束裏我感到了自由的擁抱。
你不斷地在我的瓦罐裏滿滿地斟上不同顏色不同芬芳的新酒。
我的世界，將以你的火焰點上他的萬盞不同的明燈，安放在你廟宇的壇前。
不，我永不會關上我感覺的門戶。視、聽、觸的快樂會含帶着你的快樂。
是的，我的一切幻想會燃燒成快樂的光明，我的一切願望將結成愛的果實。

這一節散文詩中的「自由」、「愛」等大字眼，就這樣深深地嵌入我的心靈。我後來才明白，這就是積澱，人性的積澱。在我十六歲的時候，我的人性大地裏，積澱的全是自由，全是愛。過了二十多年後，我已寫了許多散文詩，而且有了詩名，那時，我國著名詩人邵燕祥要主編一套散文叢書，也邀我加入。我選了一本，請冰心老人作序，她欣然答應後，卻因病住進北京醫院，那時她已九十歲高齡。恢復健康出院後，她把序文用毛筆工工整整地抄寫了一遍，然後請文學所我的同事卓如交給我。她的序文如此寫道：

劉再復是我們八閩的一個才子。他不但是個詩人，還是一個學術理論家。我不但沒有學問，而且什麼理論都說不清。我只勉強評論他的散文詩——我覺得可以用他自己說的「我愛，我沉思」來包括一切，他從「愛」的「沉思」裏，寫出了這本百花齊放的花園裏的花朵般燦爛的散文詩集！

冰心扶病書

一九八九、一、七

冰心老人的序很短，但寫得很鄭重，讓我第一次讀到就有一字千鈞之感。她老人家抄錄給我的時候，是一九八九年一月七日大病初癒之後。我說她的序文寫得很鄭重，是因為她在寫作之前，特別告訴過我。那是一九八八年九月二十八日，她在收到我贈送給她的一本書後寫給我的信。她在信中說：

再復同志：

卓如帶來了您送我的一本《尋找的悲歌》，謝謝您！您的文章絢爛而又深沉，正是中年人的思路，我正準備為您的文章作序。

我病了二個星期，剛出醫院，腕弱不及書，祝

闔家安吉！

冰心

一九八八、九、廿八

冰心老人拈出「我愛，我沉思」這五個字來評價我的散文詩。她老人家恐怕沒想到，這個劉再復在十六歲的時候，正是從她翻譯的《吉檀迦利》中積澱下這個「愛」字；也是在那個時候，他學會了泰戈爾式的沉思。

高一時，我除了讀冰心、讀泰戈爾之外，還讀惠特曼、雪萊，尤其是讀高爾基的《童年》、《在人間》、《我的大學》。這三本書是高爾基的自傳體小說，最後一本我更是讀得滾瓜爛熟。主人公阿廖沙是高爾基的人格化身。那一年，我既是泰戈爾的「粉絲」，也是高爾基的「粉絲」。窮孩子阿廖沙做着大學夢，想到喀山讀大學，然而，社會的黑暗，個人的貧窮，使他根本無法實現夢想，於是，他到喀山後，進入了另一種大學——社會大學。在碼頭與貧民窟裏，他和生活在社會底層的工人、學生、革命者廝混，長了真知識。他看到，當時的俄國社會除了黑暗，什麼也沒有。光明在哪裏？只能自己去爭取。《我的大學》即將結束時有一段話，一直激盪着我十六歲的心靈。那是阿廖沙經歷無數痛苦之後，告訴所有青少年的箴言，我讀後，就永遠積存於心底了。那是一個名為

「巴里諾夫」的先覺者對阿廖沙說的話。他說：

真理得靠自己的心去選擇！看看這山溝裏，羊吃着草，狗在奔跑，牧人在不停走動，可是這對我們意味着什麼呢？這些根本無法讓我們飢渴的心靈滿足。兄弟呀！睜開眼睛，看到的都不是善良的人，這就是冷酷的現實！那麼好人呢？在想像中！好人我們還沒有想像出來吶。

我把這位先覺者的話當作高爾基對我的啟蒙，反復琢磨。他告訴我，要睜開眼睛，正視冷酷的現實。不要把希望寄託於「好人」，而要靠自己。真理全靠自己去發現，去選擇。讀正規大學能領悟到這樣的思想嗎？不能。高爾基是經過痛苦的歷練才感悟到這個根本道理的。他啟蒙了我，重要的是要仰仗自己的心靈。誰也滿足不了我飢渴的內心，唯有自己可以救自己。熟讀《我的大學》之後，我感到自己的心靈又生長了。那時，我在給同學們講故事時曾誇耀：我雖在中學的課堂裏，但早已進入高爾基的「喀山大學」了。

由於高一與高二之間的暑假，莎士比亞進入我的眼睛與心靈，所以，高二上課時，我的精神一直無法集中，數學課、物理課上我經常打瞌睡。物理老師郭潤銓是個非常善良、非常通達的老師，無論我學得多麼差，他都給我七十分左右的成績。他知道我志在文學，也鼓勵我以後應當做個詩人。在郭老師的課堂裏，我做過無數好夢，但夢的內容都與莎士比亞的劇本有關。高二時，除了通過書籍，莎士比亞還通過電影進入我的內心。國光中學因為是華僑中學，所以贏得一種「照顧僑生」的特別權利（別的學校沒有的權利），即每個週末都在大食堂放映電影，包括外國影片，那時我看過的莎士比亞電影就有《奧賽羅》、《羅密歐與茱麗葉》和《第十二夜》。每到星期四、星期五，我的舅媽呂惠芳（她也是國光中學的生物老師）一定會把電影票給我，並告訴我這個週末的電影名字。我把看電影視為過節日，每場必看，到高二結束時，已看了五十多部電影。那時，我在銀幕上不僅與莎士比亞相逢，還與托爾斯泰、雨果、莫泊桑相逢，甚至與肖洛霍夫相逢。他的《靜靜的頓河》、《未開墾的處女地》，讓我知道了愛情大於戰爭。還有意大利的《偷自行車的人》，埃及的《愛的權利》，印度的《流浪者》等，我都看得如癡如醉。電影比書籍更感性，在我的心靈裏更是埋下頑強的人性種子。

一九五九年我進入廈門大學後，開始時同學們覺得我來自鄉村，屬於赤腳窮學生，並不把我放在眼裏。可是，一個學期之後，他們發現我居然看過那麼多莎士比亞書籍與電影，會講那麼多新鮮的故事與人物，便對我刮目相看。有一位來自福州的同學，甚至和我約定，每天一起散步，他先講一個中國小說裏的故事，我再講一個外國小說裏的故事。我記得僅莫泊桑與契訶夫，我就講了兩個月。

高二學年即將結束時，學校宣佈了一個重大消息：高三畢業班要分科上課。原來的四個班分出一個文科班，其他三個班是理科班。文科班不再上數學、物理、化學等課程，因為高考已作了改革，報考文科的學生不必考數學等科目了，只考語文、俄文、歷史、地理、政治等。這個大好消息真像大霧天裏突然射出一道陽光，讓我驚喜得不知所措。於是，高三整整兩個學期，我進入人生最快樂的歲月，而文學閱讀則進入高峰時期。我在這一年裏，讀了魯迅、郭沫若、茅盾、老舍、巴金，又讀了巴爾扎克、福樓拜、塞萬提斯與歌德，連托爾斯泰、屠格涅夫也讀了。我先讀了《復活》，並不特別喜歡，我覺得這部長篇太理念了。後來又讀《安娜．卡列尼娜》，這才深深崇敬托爾斯泰。安娜．卡列尼娜的人性那麼豐富，母性，妻性，女兒性，情婦性，樣樣都那麼真實。太美了，這個俄羅斯女人！因此，當有位同學說她是「淫婦」時，我不由自主地生氣了。開始時只是與他論辯，後來辯不過便彼此扭打起來。此事給在旁觀戰的許多同學留下極深的印象，所以，移居香港的李遠榮同學還寫下了這一段故事。一九八四年前後我在寫作《性格組合論》時，談論安娜．卡列尼娜已經駕輕就熟。其實，對於安娜的認知，我在十八歲時就完成了。在《性格組合論》中我這樣評述《安娜．卡列尼娜》：

……《安娜．卡列尼娜》，確實達到了現實主義的高峰。安娜這個形象比《復活》，甚至比《戰爭與和平》中的女性形象更加豐滿。她的性格世界更加深邃，感情世界更加全面。這是因為安娜在更大的程度上已經擺脫理念的束縛（《復活》），擺脫「史詩」結構的束縛（《戰爭與和平》），她真正成為作品的中心，最有力地表現出文學的本質意義。因此她更富有人性的光彩和魅力。在整個世界文學史上，像安娜那樣具有全面人性的完整的人物形象是不多的。

還有一段，那幾乎是我與貶抑安娜的那位同學辯論時的語言：

在外國文學批評中也有這種現象，例如對安娜．卡列尼娜這個形象的分析，就有人用政治概念和道德概念來批評，用「英雄」、「蕩婦」、「太太」這種簡單的世俗生活中的認識符號來解釋這個非常豐富的形象，把本來是無限的、深廣的性格內涵確定為非常有限的、極其庸俗的內涵。這種膚淺的機械式的批評自然就糟蹋了安娜這個文學形象。俄國的托爾斯泰研究者格羅梅卡曾反駁這種庸俗的批評，他指出：「關於托爾斯泰伯爵的這一完美、充滿生活真實的藝術創造，真可謂眾說紛紜！有些人抬高作者的思想，把安娜捧到與她完全不相稱的理想的俄羅斯婦女的英雄寶座上；另一些人則走到完全相反的極端，把安娜的性格降低到一個普通蕩婦的水平；還有一些人則堅持毫無見地的中庸之道，認為她不過是一個性情乖戾、蠻橫無理的太太，並無獨特之處，而且情緒難以捉摸。事實上安娜既不屬於第一類，也不屬於第二類，更不屬於第三類。安娜無非是一個充滿激情的婦女，她僅僅為愛情而生，不惜為它犧牲家庭、社會地位、甚至於生命本身。她始終如一、堅貞不移，她堅持自己的基本意圖，決不動搖；她的主要力量也就表現於此。但她性格的激情同時也是她的弱點，她生命脆弱的根源。她是自己激情的犧牲品，因為它不自覺地破壞了人類共同生活和道德的無可爭議的準則。」安娜．卡列尼娜性格的迷人之處在於她的激情，在於她身上所燃燒的愛。她的生命的力量，人性的光彩就寓於這種愛與激情之中。但是這種愛和激情又恰恰是她的弱點，她被愛與激情所征服，所折磨，以至被它所埋葬。愛是她的歡樂之源，但又是她的痛苦之源。她在背叛丈夫愛上渥倫斯基之後也產生過罪惡感，但她的幸福感恰恰蘊藏在這種罪惡感之中。她時時在向道德準則挑戰，又時時在向道德準則妥協；她時時向世俗觀念抗爭，但又時時向世俗觀念投降。她的內心充滿着騷動，充滿着波濤般的互相衝擊與交融的二重內容。她的性格世界，就是各種互相矛盾的情愫的模糊載體。世俗世界中的被視為「正面」、「反面」、「中間」的各種感情狀態都在她身上匯合，搏鬥，折磨着她的心。這樣的形象，無論是用正面的「英雄」、反面的「蕩婦」或中間的「太太」等現實的認識符號都是難以規範的。這種規範都只能抹煞她身上放射出來的美的光輝。

對安娜．卡列尼娜的認識，是我心靈的一部分，所以不得不多費些筆墨講述。這一認識也說明，我在十八歲即高中即將畢業的時刻，人性的積澱已經基本成熟。這種人性如此根深蒂固，以至於我在後來的人生中，特別是在文化大革命中，完全無法接受那些把人看死的、「以階級鬥爭為綱」的敵我分明的理念；在文學上，則無法接受正反分明、左右分明、好壞分明等政治法庭與道德法庭。

但是，我要特別說明的是，在高中的圖書館裏，我也翻閱過陀思妥耶夫斯基的《白癡》、《罪與罰》、《卡拉馬佐夫兄弟》等，但始終讀不進去。有時勉強讀進去了，也不能接受陀氏的理念。總覺得他過於喜歡「苦難」，他那種把「苦難」視為進入天堂的階梯的思想，我完全無法接受。還有，在他的作品中，好人壞人完全不分，好人也殺人，壞人也有良心，我也不能接受。後來讀了魯迅之書，才明白他也進入不了陀思妥耶夫斯基的世界——那是東正教的理念世界，與中國文化完全不同的世界。我這才放了心，覺得自己的感受不完全錯。這種感受持續了很久，直到我在寫作《性格組合論》時，我還是把陀思妥耶夫斯基視為「分裂性格」，並不特別推崇他。

在我的心靈史上，還有一個名字，一部小說，對我產生了決定性的影響。這就是法國的偉大作家雨果和他的偉大著作《悲慘世界》。這部小說是我小青年時代的名副其實的「精神原子彈」。對我來說，閱讀《悲慘世界》是人生的大事件。閱讀時是一九五九年初，閱讀後我的心靈方向就確定了。那是《悲慘世界》中那位福來主教（有的譯作譯為「卞福汝．米里哀主教」）指明的方向，也是主角冉阿讓一生所實踐的方向。

我是在高二與高三之間的那個假期閱讀《悲慘世界》的。這部由李丹翻譯的巨著由五部組成，第一部為《芳汀》，開頭講述了這樣一個故事：一八一五年，福來主教已七十五歲，和他生活在一起的，是老妹妹巴狄斯丁姑娘和女傭人馬格洛大娘。因為他生性極為慈悲，把收入都捐給窮人，因此，家裏最值錢的東西只剩下六副銀餐具和一對銀燭台。他認定，一切都是「主」（上帝）給予的，這些銀器也屬於上帝。這一年十月初的一個黃昏，一位中年漢子來到了福來主教居住的迪涅城，他就是主角冉阿讓。他從小失去父母，家境非常貧窮，是姐姐把他撫養成人的。姐夫去世後，他當了修樹枝的工人，幫助姐姐撫養七個子女。一年冬天，他找不到工作，家裏沒有吃的，為了姐姐的那些飢餓的孩子，他偷了麵包店的一塊麵包，不幸被抓住，判了五年苦役。入獄後他四次越獄，都以失敗而告終，並且每次都被加刑，最終在牢裏蹲了整整十九年。但他身體一直十分健壯，而且性格倔強，不笑也不流淚。四十歲那年，他在獄中的學校裏學到許多知識，增加了許多本領。出獄後，他到迪涅城市政廳一家旅館投宿，但老闆知道他的身份後拒絕了他；之後，城裏的其他客棧也都拒絕了他。在他走投無路之時，一位老婦人指點他去福來主教家。一進主教家門，主教便指示馬格洛大娘擺正銀餐具招待他，冉阿讓飽食之後，便倒在床上睡着了。半夜醒來時，他摸進主教臥房，從櫥子裏偷了那些銀餐具逃跑，結果在路上被警察抓住。因為當地人都熟悉主教的銀器，警察就把他押送回主教家，讓主教作證。就在這個重要時刻，福來主教告訴警察，那是他送給冉阿讓的。而且還對警察說，除了送銀餐具之外，還送了一對銀燭台。為了讓警察相信，他故意問冉阿讓，為什麼不把銀燭台帶走。主教為了拯救冉阿讓，毫不含糊地對警察說，是他們誤會了。警察在福來主教的否認下，只好鬆開冉阿讓的鎖鏈。冉阿讓面對眼前發生的一切，渾身顫抖，幾乎要昏倒過去，只聽見主教的聲音：「您可以放心走了。呀！還有一件事，我的朋友，您再來時，不必走園裏。您隨時都可以由街上的那扇門進出。白天和夜裏，它都只上一個活閂。」主教還告訴冉阿讓，那些銀器可以賣二百法郎，可以用這筆錢成為一個誠實的人。

福來主教通過自己的慈悲行為，不僅拯救了冉阿讓的身體，而且還拯救了冉阿讓的靈魂。從此之後，冉阿讓便展開了他善良慈悲的傳奇一生，包括擔任市長而拯救窮人芳汀一家的傳奇。

我在十七八歲的時候，因為《悲慘世界》而知道，世界上竟然有福來主教這樣的大慈悲的心靈，竟然有冉阿讓這樣的真誠接受大慈悲心靈火光的至善者。總之，讀了《悲慘世界》，我全身心、全靈魂被震撼了。我知道該怎麼做人了，知道一生該怎麼度過了。謝謝大師雨果，謝謝譯者李丹！在我的中學時代，在我學習做人的時代，是你們幫助了我，指點了我。大約有三個月的時間，我一直生活在「悲慘世界」中。吃了晚飯，我會在籃球場邊給同學們講述《悲慘世界》的故事，講到福來主教救援冉阿讓時，我會眼淚汪汪地對同學說，我們要像福來主教那樣愛一切人，寬恕一切人，包括愛與寬恕一切囚犯。高中畢業後，我進入廈門大學，還常常對同學講述《悲慘世界》的故事，與菲亞（妻子）談戀愛時，也給她講這個故事。這個故事，這個情節，積澱在我心裏，真正化作我心靈的一部分。文化大革命中，這個故事和文學中的其他故事，成為我的心靈光芒，也成為我良知拒絕的理由。一切暴力行為，一切損害他人的行為，都遇到了強大的內心障礙。這種障礙，就是福來主教的「至善」榜樣。

第三章

大學讀書時代的心靈小分裂

一九九二年攝於美國大峽谷

無論是小學時代還是中學時代，我的心靈都是單純的，完全生活在童話與文學中。高二那年，即一九五七年，社會上正在進行反右派鬥爭，我的一些可敬可愛的老師成了「右派分子」。我雖然感到奇怪，但因為尚未到達參與政治運動的年齡，又醉心於文學，因此沒有深想深究。一九五九年中學畢業時，我的心靈是完整的，沒有傷痕，沒有裂痕，一心只做着天真的未來夢。未來，未來的自己應當是個詩人、作家、文學家。

沒想到，進入廈門大學之後，我的心靈開始分裂了，但只是小分裂，而讓我心靈開始分裂的完全是政治。

一九五九年八月，我進入廈門大學中文系。進入大學，我真的如魚得水，遠離了數學，遠離了物理、化學，就讀語言文學，古代漢語、現代漢語、中國古代文學、中國現代文學、西方文學，樣樣我都有興趣，每門功課我都願意側耳傾聽。第一學期，我上的是陳敦仁老師的古代漢語課和應錦囊老師的現代文學課。陳老師發給我們的講義真漂亮，那時我才知道，刻印的漢字可以如此美麗。陳敦仁老師的另一個名字叫作陳夢韶。魯迅在一九二六年到廈門大學任教時，他是魯迅的學生，而且寫了一個取材於《紅樓夢》、題為《絳洞花主》的劇本請魯迅作序。魯迅先生竟然提筆為我的老師作了序，序中有被無數人引述的經典話語。序文如下：

《絳洞花主》小引

《紅樓夢》是中國許多人所知道，至少，是知道這名目的書。誰是作者和續者姑且勿論，單是命意，就因讀者的眼光而有種種：經學家看見《易》，道學家看見淫，才子看見纏綿，革命家看見排滿，流言家看見宮闈秘事……。

在我的眼下的寶玉，卻看見他看見許多死亡；證成多所愛者，當大苦惱，因為世上，不幸人多。惟憎人者，幸災樂禍，於一生中，得小歡喜，少有罣礙。然而憎人卻不過是愛人者的敗亡的逃路，與寶玉之終於出家，同一小器。

但在作《紅樓夢》時的思想，大約也止能如此；即使出於續作，想來未必與作者本意大相懸殊。惟被了大紅猩猩氈斗篷來拜他的父親，卻令人覺得詫異。

現在，陳君夢韶，以此書作社會家庭問題劇，自然也無所不可的。先前雖有幾篇劇本，卻都是為了演者而作，並非為了劇本而作。又都是片段，不足統觀全局。《紅樓夢散套》具有首尾，然而陳舊了。此本最後出，銷熔一切，鑄入十四幕中，百餘回的一部大書，一覽可盡，而神情依然具在；如果排演，當然會更可觀。我不知道劇本的作法，但深佩服作者的熟於情節，妙於剪裁。燈下讀完，僭為短引云爾。

一九二七年一月十四日，魯迅記於廈門。

陳敦仁老師的課，講得輕鬆又新穎，我非常喜歡聽，而且頭三次的考試都得了滿分。但是，陳老師是一個很有幽默感的老師，他很喜歡講些閒話，等於和同學們開點小玩笑。例如，他的課總是排在上午第一節，好些同學上課時出去小便。有一次，他開玩笑說：早餐你們吃得很稀吧，所以就犯尿頻了。說得同學們哄堂笑了起來。他還常把中文系的「黨總支」稱作「黨部」。「黨部」原是國民黨的概念，自然含有貶義，他這樣稱呼共產黨的組織，可以算是對「黨」不夠尊敬，因此，就有好事的同學向黨總支匯報。於是，黨總支便派人調查。我是一個受信任的學生，調查時我當然也說「確有其事」。可是，這之後不久，陳老師便不再來上課了。據有些同學說：陳老師政治上有問題，不許再給我們上課了。那時候我才感到大學的嚴峻。原來中文系並非中文淨土，它也佈滿政治呵。陳老師不過是幽默一下，算什麼政治問題？這之後，我的心裏長出一根弦：要注意政治，不要隨便說話。也就是從這個時候開始，我學會了世故，講話變得吞吞吐吐。還有同學告訴我：中學生沒有當「右派分子」的資格，大學生就不同了，你看，那幾個天天給我們掃地洗廁所的人，原來也是中文系的學生，前兩年就因為說錯了話，成了「右派分子」，不能和他們接近。於是，我也就和他們拉開距離，好像他們身上有政治病毒似的。剛讀大學，我的身上就長出了「階級鬥爭一根弦」，長出了「警惕性」。後來我才明白，這是我人生中的一種「倒退」，是身上長出了毒瘤。有了這根階級鬥爭的「弦」，我就再也沒有「單純」了。

對待這些右派老學生還好辦，最讓我難受的是對待右派老師也需要保持距離。二年級的時候，我們年級開始上「西洋文學史」課，授課老師是鄭朝宗先生。他是錢鍾書先生的好友，先是清華大學同窗（不同班），後又一起到英國牛津大學深造（不同級），他對所謂「西洋文學」真是熟悉，講任何一個作家都講得非常具體、生動。而我又特別傾心歐洲文學，所以每次聽完他的課，都跑到講台前請教，一個問題接一個問題地問。但我一次又一次被警告：他可是我省最大的「右派分子」之一，不要和他靠得太近。好幾回我產生到他家裏拜訪的衝動，也被我的好友阻攔。一九六〇年，學校已經開始講「又紅又專」，所謂「紅」，就是政治正確，就是必須擁有先進的世界觀。而「紅」的第一個要求就是要政治立場堅定，旗幟鮮明。那時，我系的黨總支已傳達清華大學黨委書記蔣南翔在學校倡導和執行「又紅又專」的經驗。我因為讀書讀得好，成績優異，因此，更有一些老師警告我：要注意「白專」傾向。自從「紅」與「專」這兩個概念產生之後，我的心靈便明顯分裂了。那時我擔任團支部書記，但這並不意味着就是「紅」。真要「紅」，還得做好團支書的工作，要教育同學不怕飢餓，不講飢餓。我們全班被安排到廈門郊區的海滄公社勞動，肚子餓得咕嚕咕嚕叫，但我還是帶領同學們起早摸黑地大幹猛幹。吃飯之前，先幹一小時，幹完喝一大盆稀飯。稀飯稀得出奇，一塊鹹蘿蔔放在飯面上立刻就沉下去，怎麼也撈不到。肚子實在太餓了，卻還是要求同學不要說餓。有一天下午，正在和我談戀愛的菲亞到海滄來看我。她從遠處走來，我迎了上去，她微笑着塞給我五個糠餅，說她的學校（廈門師範學院）給每個老師同學發了五個糠餅，她捨不得吃，特地渡海給我送來。我也不說什麼客氣話，立刻把五個糠餅吞了下去。她在旁邊笑着說：「慢點，怎麼像豬八戒吞人參果呵。」我說：「可不是嘛！比人參果還好吃。」我餓得實在撐不住了。但即使撐不住，我一轉身仍然是團支書的模樣，仍然和同學們說，我們一定要戰勝困難，絕不叫餓。在海滄的日子裏，我的一個名叫張蘇生的年長的同學，是復員軍人，很有社會經驗，和當地的「隊長」相處得很密切，晚上還在隊長家「偷吃」紅薯充飢。有一天晚上，他把我從睡夢中輕輕叫醒，低聲說：跟我走，有好吃的。他把我帶到隊長家，隊長已在門口等候兼當守衛。蘇生帶我進屋，把鍋蓋一掀，只說一聲：看，吃吧。我突然不顧一切，包括不顧自己宣誓一定要遵守的「群眾紀律」，抓起煮好的紅薯，一連吃了好幾個。吃飽之後，我的心撲騰撲騰地跳着。我覺得自己太可恥了，早上才要同學遵守紀律，晚上就偷偷摸摸吃紅薯。鍛煉鍛煉，煉到最後，還是經不起幾塊紅薯的考驗。「又紅又專」的口號喊得震天響，卻終究抵禦不了鍋裏的紅薯香。愈想臉愈紅，唉！「又紅又專」是這樣的「紅」嗎？是紅薯的「紅」嗎？呵，太可恥了，雙重人格，兩面派，不改造真不行！在海滄勞動鍛煉三個月，我最大的收穫，就是更清楚地認識了我自己。勞動結束的那一天，我覺得自己的心靈已經分裂了。

「又紅又專」的口號，原來是清華大學黨委書記蔣南翔提出來的，後來在高等院校裏成為基本方針和基本口號，也就是說，所有的大學都要以培養「又紅又專」的學生為目標，而我們這些在校的學生也應以「又紅又專」來要求自己。一九六一年，中央公佈「高教六十條」，更是把「又紅又專」寫成條文，也就是說，從一九六一年我讀大二、大三時，「又紅又專」就變成國家的政策，也變成我的心靈口號。到了海外之後，我回憶往事，覺得這「又紅又專」對我的危害特別大。此時，有必要說一說，也算是清理心中的毒液。所謂「紅」，就是「政治正確」。本來，我也要求自己必須「政治正確」。問題是，在「又紅又專」的政策下，「政治正確」成了決定一切的關鍵點。只要「政治正確」，什麼都可以不顧，包括可以「不專」，專業水平低下也不要緊。由於「又紅又專」宣傳的偏差，結果，我在大學的心靈裏，多長出了一個「情結」，那就是中小學時代裏絕對沒有的「政治情結」。這也是我在八十年代意識到、並稱之為「政治小聰明」和「政治小狡猾」的一種投機心理，即不是「學好數理化，走遍天下都不怕」，而是「一旦政治化，走遍天下都不怕」。什麼都取決於你是否政治正確，取決於你是否分清敵我，是否立場鮮明，愛憎分明。不必苦讀苦學，只要表態表現。後來毛澤東說「重在表現」，我也明白這是什麼意思。結果是，在廈門大學期間，我開始學會「政治表現」的小聰明。儘管高中時代具有雄厚的文學積累，但在此時的心靈深處，卻開始重視世俗的小桂冠——團支部書記，覺得這個職務可能會帶給自己意想不到的好處，會帶來國家的信任和光明的前途。所以，當時不會因為自己在文學上有所領悟而興奮不已，反而會為團支書的工作得到表揚而激動不已。那時，我不覺得自己在變壞，而是覺得自己在變「紅」，在向「又紅又專」靠近。那時，如果不是因為「紅」的誘惑，我可能會對文學思考得更深，打下的基礎會更牢。

大學時代，可以說是「紅」迷心竅，一心只想充當紅色接班人。到了海外之後，我反省這段人生後才明白，一百年來，在學術界真正有建樹的學人，比如陳寅恪、錢鍾書等，為什麼根本不在意自己的學術觀點「紅」不「紅」。錢鍾書先生不僅不「紅」，而且在一九五八年拔「白旗」運動中還被當作「白旗」拔過。

其實他雖不是「紅旗」，但也絕對不是「白旗」。他對國民黨沒有好感，對共產黨也沒有惡感，只是想在很有限、很短暫的人生中，把精力放在自己的精神價值創造上。我的本性酷愛文學，又是在共產黨的助學金支持下讀書，天然地和共產黨相連。但我雖然在紅旗下長大，想的卻不是當大官，而只是想在文學事業上有所作為。連這種心靈都刻意要去表現「紅」，展示「紅」，結果在生命最寶貴的年月，不能把所有的精力投放在專業上。「紅」字，真的讓我的心靈迷失了方向。

第四章

勞動鍛煉時期的心靈中分裂

一九九二年攝於美國落基山

一九六三年八月，我到中國社會科學院哲學社會科學部《新建設》編輯部報到。這個雜誌社原先是民盟所辦的《中國建設》，解放後保留下來，改名《新建設》，變成高級的哲學社會科學綜合性雜誌。其編委都是文、史、哲、經各界的權威。主編是張友漁，著名的法學家。他兼任北京市副市長和中國科學院哲學社會科學部副主任。（主任是郭沫若，我的頭上二層樓裏有他的辦公室，但未見過他來上班。）我報到後就到編輯部的文學組上班（雜誌社分哲學組、史學組、經濟組、文學組。）接受一百天的編輯部訓練後，於當年十一月和「學部」各研究所新來的八十九名應屆大學畢業生到山東黃縣的白馬公社「勞動實習」一年（這是國務院的規定）。

我是南方人，到山東不太習慣。那裏吃的是窩窩頭（沒有大米）、大蒜等，我常嗆得眼淚直流。去勞動鍛煉，當然是為了改造思想，把自己培養成「社會主義接班人」，但我完全不明白自己應當「改造」些什麼。到了山東以後，更要命的是根本聽不懂老鄉們說的話。他們是我的老師，我的教育者，聽不懂他們的話，怎麼接受教育？就從那個時候起，我為了表現出自己的進步和接受改造的熱情，就裝得很乖巧，裝出一副聽懂貧下中農教育的樣子，而且給黨支部寫「鍛煉心得」。那時，我和林青松（原廈門大學學生會主席，和我一起被選拔到哲學社會科學部的三個人之一）住在一家名為「馬遲氏」的貧農老大娘家裏。我們起早摸黑地幹活，兩個人當作一頭牛，拉了不少地（北方的高粱地土比較鬆，拉得動，要是南方的水田，那就拉不動了）。大約過了兩個月，我們要接受一場「階級鬥爭」教育課，也就是「憶苦思甜」課。沒想到，憶苦的正是我的房東馬遲氏大娘。我和林青松在她家一兩個月，根本聽不懂她的話，這回要專門聽她的教育，反而不知如何是好，因此，就拿出「裝」的本領，又虔誠，又世故，在她憶苦思甜的時候，假裝哭泣。出國後，我對這段時間的心靈分裂，有過反省，寫了一篇散文嘲諷自己（此文未曾在任何報刊上發表過，但收入《漂流手記》第一卷）：

搞錯了時代的憶苦思甜

一九六三年秋天，我和中國社會科學院的八十多位剛大學畢業的同伴到山東省黃縣白馬公社去「勞動實習」一年。

我們選擇的村落是個老解放區，雖然貧窮，但老百姓的覺悟高，這對我們這些未上過階級鬥爭教育課的青年學生，實在是極好的課堂。村子裏的黨支部書記陸書記，是一個很好的老人，也可以說是很老的好人。他早就得到上級的指示，要好好幫助這些未來的革命接班人改造世界觀，防修反修。所以我們一到達村子不久，他就安排我們上一次憶苦思甜的階級教育課。

聽到這個消息，大家都很激動。我們這些在「蜜糖裏泡大」的青年，總是生在福中不知福，上好這一課太重要了。不知舊社會的苦和新社會的甜，就容易立場不穩，被資產階級拉過去。可是，我們剛到山東，實在聽不清楚山東老鄉們的話。但我們對貧下中農太敬重了，誰也不敢說聽不懂。而且我們想，即使聽不懂，看着苦大仇深的老貧下中農臉上的眼淚和情感變化，也將受到巨大的教育。於是，我們都帶着虔誠的心情去聽大學畢業後的第一課。

憶苦思甜的老大娘正是我的老房東。她沒有名字，人們都叫她為馬遲氏。

這是因為她的丈夫姓馬，而她姓遲。陸書記介紹說，她是苦大仇深的老貧農，解放前要過飯，當過地主的童養媳，後來她嫁給一個窮小子，窮小子參加了八路軍，革命成功後在北京當了官，又另娶了親，把馬遲氏遺忘在家裏了。老支書的介紹有點不對頭，但我們也不宜追問。我們只是對馬遲氏老大娘非常尊敬，急着聽她的故事，不過，一下子還聽不懂她那很濃的山東口音，真遺憾。

那天，她面對這麼多的從首都北京來的大學生，真是激動極了，滿腹的苦水往外倒。她愈講愈不平靜，最後竟失聲痛哭。直到她哭的時候，我才發現自己沒聽懂她的話，但是，看她哭得那麼傷心，自然是受壓迫很深，這使我回憶起在電影裏看過的地主殘酷壓迫農民的情景，因此，一下子同情心和階級仇恨全上來了。我和我的同學們開始喊革命口號，喊得震動全村莊。喊完後，馬大娘又大哭，大家也跟着陷入極度的悲痛之中。我發現勞動實習的同學都掉眼淚了，尤其是女同學，她們拿起手帕擦了又擦。我因為聽不懂，非常着急，便想起自己大學剛畢業，就遠離慈愛的母親，到了這個白雪飄飄的大北方，人地生疏，不僅嚥不下窩窩頭，還聽不懂這種莊嚴的社會主義教育課。想了想，頓覺孤獨，竟也流了淚。

馬大娘憶苦思甜之後因為太傷感，由兩位小姑娘扶着她回家去，而我們留下來談心得體會。我怕自己說不出體會，便先發言，說明我是南方人，許多話都聽不太清楚。沒想到，這麼一說，好幾位實習同學也表示同感，但他們為什麼也流淚，我就不清楚了。正在這個時候，很老的好人陸書記走過來對我們說：今天馬大娘的憶苦思甜不對勁，不必討論了。聽了這話大家都愕然。他繼續說：「馬大娘老糊塗了，她憶的不是舊社會的苦，而是一九五九年的苦，那時是自然災害，還有蘇修坑了我們，當然苦了，我們村裏好多人又帶着大隊的證明書去要飯了，她確實也苦得怪可憐的，而她的丈夫革命成功後就不要她了，孤苦伶仃，自然就更苦。可是，我們的憶苦思甜不能這樣憶法。沒憶舊社會的苦而憶新社會的苦，怎能教育革命接班人？她真是老糊塗了。以後請她再補憶一次吧。」黨支書這些話真使我們都愣住了。他老人家說完就走，留下我們這些實習生，都怪自己聽不懂山東話。至於為什麼每個人都流了淚，各有各的原因，不必細查。不過，最後我們都感到貧下中農確實值得學習，馬遲氏老大娘就是一個老實人。舊社會固然苦，但是一九五九年、六〇年、六一年也夠苦的，大家都講了一番那時忍飢挨餓的故事。可是，我們都不如貧下中農那麼老實，都沒有勇氣說出自己挨過餓，而馬大娘就實實在在地說了，這就是高貴的品質。因此，大家覺得，大學畢業後在社會大學裏所上的第一課，也沒有白上，淚也沒有白流。

二十年之後，在北京聽到馬遲氏老大娘去世的消息時，我感到一陣悲痛，覺得世界上又少了一個老實人。在充滿不老實的世界裏，老實人是多麼寶貴，做一個老實人是多麼不容易呵。

初到北方所受的勞動教育，馬大娘這一幕我始終難忘。我從未責怪馬大娘的「時代掉包」，而是驚歎自己在受教育時心靈變壞了，竟然學會了「裝」，明明沒有受到教育，卻表態說「深受教育」。在大學裏，心靈雖然也發生過分裂，但那畢竟只是內心的矛盾與衝突；這回來到山東大地，卻像在演「戲」，表面上演着「好學生」的角色，實際上心裏想的完全是另一回事。

山東「勞動實習」一年後，我們回到北京。我繼續到《新建設》編輯部上班，從六四年年底到六五年夏天，工作了半年多。這段時間，我在老編輯趙幻雲先生的帶領下，訪問了朱光潛先生、馮友蘭先生、周谷城先生等。每次走訪之後回到宿舍，我總有些淒涼感，而且產生一種錯誤的判斷：他們這些人那麼有學問，但沒有用，處處受歧視。最重要的還是必須「政治正確」。政治上站隊站對了，什麼都好；站得不對，學問再大也沒用。此時心靈裏萌生出新的邪惡，但自己不知道。總之，到了北方，不敢說有什麼上進，但心機生長了，這是很明顯的。

一九六五年八月，我又接到通知，到江西豐城縣參加「四清」即社會主義教育運動。在這次運動中，我被分配到一個村落（小隊）裏獨當一面。此次下鄉前，哲學社會科學部自行集訓，介紹王光美的「四清經驗」。集訓時主要是聽取

「當前」農村的階級鬥爭形勢報告，具體的報告人與報告題目我已忘了，但報告的基調和基本內容至今我還記得很清楚，那就是說，我國的農村基層黨組織基本上被「四類」分子瓦解了，百分之八十的幹部已經變質，階級鬥爭形勢十分嚴峻。我們下鄉的第一步是到最窮最苦的貧下中農家中扎根串聯。聽了之後我的感覺是中國政權已搖搖欲墜，我們的「四清」負有拯救黨和國家的重大使命。但是，我們一到江西，才發現政權像鐵柱子一樣堅固，至少像鐵桶一樣嚴密，根本沒有什麼「階級鬥爭跡象」。這種北京聽報告與下鄉看實際的反差，給我的教育是，愈是誇大敵情，愈是正確。我既然被分配到國家意識形態部門，也應當提高警惕，寧可把敵情看得嚴重一些，也不可掉以輕心。

多年以後，特別是出國之後，我才明白當時我作為「四清」工作隊隊員，執行的完全是一套極左的路線。我在農村裏狠整「四不清」的幹部，完全是當群眾的尾巴，哪個幹部群眾意見大就「抓」哪個幹部。所有群眾的過激行為我都支持。從個人（個體生命）的角度上看，那個時候，我已開始學會整人，而且整人時並無心理障礙。這是我心靈史上有所突破的一頁，也是很醜陋的一頁。

第五章

文化大革命中的心靈大分裂

一九九三年攝於挪威易卜生故居

如果說，我的心靈在大學期間是「小分裂」，在勞動改造時期是「中分裂」，那麼，到了文化大革命時期，則是「大分裂」。

從一九六六年，我在廣播電台裏一遍一遍聽到「五・一六通知」後，心靈便一次又一次地受到震顫。一場大革命開始了，我意識到，我原來所尊敬、所崇拜的老革命幹部就是「走資本主義道路的當權派」，我原來所嚮往、所追隨的哲學家、文學家們就是「資產階級反動學術權威」。那時，我已從江西回到北京，住在單身漢宿舍（學部大院八號樓）裏。我聽了廣播之後，明白我們從南方趕回北方，就是為了參加這一場向走資派和反動權威開戰的政治大革命。

從五月十六日開始，我所在的哲學社會科學部，天天都不平靜，從早到晚，都有鑼鼓聲，吶喊聲，或慶祝「最高指示」的頒佈，或開批鬥會，都有鑼鼓聲伴隨着，非常熱鬧。有時是住在大院裏的研究所隊伍押着剛揪出的「黑幫分子」走出大街；有時是院外的研究所革命群眾隊伍押着戴高帽的反動權威和走資派來到大院席棚裏召開批鬥大會，反正不管是出還是進，都是鑼鼓喧天，呼喊不斷。

「五．一六通知」發出幾天之後，也就是我們抵達北京的第二天，哲學社會科學部召開第一次批鬥「黑黨委」的大會，批鬥的對象是學部的黨委書記關山復和副主任楊述等。我在台下坐着，嚇得渾身是汗。以往只知道關山復是我們的領導人，滿族出身，平常很難見到。這回卻清清楚楚地看到他戴着高帽，顫巍巍地站在台上。當哲學所的造反派宣佈他的罪行，說他出身於大地主家庭時，他辯護了一句，說他的出身是「小地主」，而非「大地主」。我那時禁不住滾下一滴眼淚，覺得我們的書記太可憐了，大小地主有什麼差別？反正都是階級敵人。那個時候，我完全想不通，為什麼共產黨要把自己的精英這樣揪出來「示眾」？那些天，我老是想到魯迅的「示眾」的概念，但是台下還是跟着呼喊「打倒關山復」、「打倒黑黨委」的口號。心裏想不通，手卻跟着大家舉起來，舉上舉下，一天舉了數十次。那時，我第一次感到心與手的分裂。舉手並非心願，只是隨大流。

這是運動的第一天。我清楚地記得，這一天的下午三點，我驚魂未定，《新建設》黨支部找了我，說：偉大的文化大革命開始了。我們要堅定地站在毛主席革命路線一邊。明天文學研究所要批鬥「反動學術權威」兼「走資派」何其芳，你就代表我們編輯部去發言。我答應後就退回宿舍匆匆寫了發言稿，還加了一個標題——《何其芳人性論批判》。到了文學所，主持人說發言者已排滿，我交發言稿就可以了。在批鬥會的間隙裏，我遇到《光明日報》的資深編者喬福山先生，他很和藹。我便問他，此文是否可以在報上發表。他立即答應，可是過後未見《光明日報》刊登。雖未刊登，我卻一直感謝他，否則我人生的污點就更大了。雖未見報，但我一直愧疚在心裏，而且像祥林嫂一樣，對朋友總是提起此事。一九七四年鄧小平重新被啟用，他讓胡喬木籌備一個與《紅旗》抗衡的刊物，起名《思想戰線》，以原《新建設》的編輯部人員為班底，組成新的編輯部（還調來好幾位中國青年出版社的編輯）。我當時被委任為五人籌備小組成員之一，根據當時流行的「老中青」三結合的班子模式，我屬於「青年」代表，主編是哲學社會科學部領導小組組長林修德。具體的許多事都交給我做。我恨透了「四人幫」與極左路線，因此辦事格外積極。胡繩讓我們向何其芳組稿時，我自告奮勇，去找了何其芳。見面時我說：「我在文革的第二天就去文學所參加批鬥您的會，還準備了一份批判您的人性論的發言稿。」他笑着說：「我記不得這件事了。早過去了，你不要掛在心裏，好好辦你們的《思想戰線》吧。我會為你們寫一篇談論《水滸》的文章。」兩個星期後我去向他取稿時，他很興奮地對我說：「這幾天我愈寫愈有勁，一個思想接一個思想，竟寫了將近兩萬字。」我也為此而興奮不已，連說「謝謝」。他還說：「毛主席是從政治上說《水滸》，我們要從學術上說《水滸》。」三四十年來，我之所以總是嘮叨着何其芳的名字，還和我的心靈歷程有關。我從高中大量閱讀文學作品之後，就明白文學的基點乃是人性，從理念上說，唯有「人性論」才是文學可依據的論點。儘管我一生都崇尚魯迅，但我至今還覺得魯迅和梁實秋關於階級論與人性論的論戰，各自都有道理。魯迅強調「階級性」。世上確有統治者階層與被統治者階層的矛盾，此矛盾也將永遠存在，永遠不會消失。階級性確實是人性的一部分。但人性範疇大於階級性範疇。就人性的共性而言，階級性與宗教性、生物性、文化性等等，都是人性的一部分。真正的人性比共性複雜得多，它還包括每一個體的個性、自性、悟性等等。人性太豐富，太複雜，有太多可能性。此一瞬間，他可能是個聖人、偉人、超人，彼一瞬間，他則可能變為庸人、蠢人、妄人。不同階級的人會發生鬥爭，但在特殊的環境中也會反思甚至會相戀、相愛，魯迅所說的林妹妹（林黛玉）絕不會愛上賈府裏的焦大，即貴族階級的千金小姐絕對不會愛底層階級的奴僕，其實未必。許多宰相的女兒抛繡球選親的時候就把繡球投給窮書生，甚至窮乞丐。我從小就看過的名為《呂蒙正》的戲，說的正是這種超階級的戀事。長大後讀書，更明白有「賣油郎獨佔花魁」，漂亮的才女就看中了沒有社會地位的「賣油郎」。高中讀莎士比亞，對於貴族小姐苔絲德蒙娜愛上黑人奧賽羅，我並不覺得唐突。到北京後，人們爭讀勞倫斯的《查泰萊夫人的情人》，我也判定其故事中所展示的人性是真實的。一個貴族女主人，因丈夫沒有性能力而愛上自家的年輕工人，兩人共同享受生命與生活，這完全可能。所以，魯迅的論斷也有其片面性。我對「人性論」的理解與接受比同輩人更早，也更強烈，可是我在文革之始就進入對「人性論」的批判，這完全是一種心靈背叛，即心靈分裂。我到文學所去批判何其芳說明，十年文化大革命的歷史行程中，我一開始就心靈分裂了，這種分裂貫穿十年。外邊是兩個司令部、兩條路線的社會大分裂，而我內心是政治司令部與文學司令部的大分裂，是知和行的大分裂，是認知與行為的大分裂。

文化大革命開始階段，我還屬於絕對盲從。進行幾個月之後，有一件大事使我當街痛哭。那是劉少奇被「揪」出來之後，為了證明他是叛徒頭子，就製造了一個六十一人叛徒奇案，即一九三一年因河北省委遭到破壞，六十一名共產黨重要幹部被捕入獄，後來在抗日戰爭時期經黨組織批准，這六十一人皆可作「假自首」而出獄，以保存黨的有生力量。明明是黨組織的救援行為，「文革」中卻賴賬，說是叛變行為，結果把這六十一名高級幹部全部定為叛徒揪出來批鬥。那一天，我徒步到東單購買小報，看許多人正在圍觀一個報欄，我也湊上去觀看，結果看到一張戰報，那是六十一人的頭像，其中有薄一波等人，每一個人都是我熟悉與崇敬的高級幹部，每一個人的脖子上都掛着一條將被勒死的繩索。我看了之後竟忍不住大哭起來，許多原來正在觀看照片的人都把臉轉向我來。我邊哭邊說：「我不理解，我不能理解。」沒想到，當時有個瘦高個兒的老人走過來，問我是什麼單位的。我看他面善，語氣溫和，就告訴他：我是哲學社會科學部的新學生，在《新建設》工作。邊上有人告訴我，這個老人就是范文瀾。原來他就是我敬愛的范老，我真想向他傾吐，可他已走遠了。到了哲學社會科學部不久，老同事就告訴我，范老是近代史研究所所長，中央委員，他每年在毛主席生日那天都要紀念，請所裏的年輕朋友吃壽麵。他告訴年輕人要耐得住寂寞，千萬不要趕時髦，說：「板櫈要坐十年冷，文章不寫半句空。」沒想到，我是在這樣一個時刻與他相逢。我真想告訴他，我不理解，為什麼要如此自毀長城？在這樣的歷史關頭，我怎能坐得住冷板櫈，怎能專心從事研究？

一切都顛倒了，這段歷史該怎麼寫，我該怎麼做人？我完全無法接受文化大革命這種踐踏老革命、老學者的行為，而我又要天天去表忠心、表支持，這種人格分裂、心靈分裂的日子該怎麼過？！

日子該怎麼過？每天除了觀看大字報、參加批鬥會之外，就是上街買小報。早餐本該吃三根油條，我只吃一根，省下來的錢就去買兩樣東西，一是毛主席像章，二是小報。《新北大》，從第一期到最後一期，我都買齊了。「文革」結束時，我的心靈已破碎不堪，但小報一份一份都是完整的。其中《討瞿戰報》（即批判「大叛徒」瞿秋白的專題戰報），我也是一期不漏。瞿秋白被殺害於我家鄉福建長汀，因他和魯迅是摯友，所以我更是念念不忘他的名字。他在臨終之前所寫的《多餘的話》，很真實，很坦白。他有自知之明，覺得自己根本不是搞政治的料子，卻充當共產黨的總書記。一個道道地地的誠實耿介的文人，卻要擔任重要的政治職務，這就如同叫狗拉犁，所以他曾使用筆名「犬耕」。對於這樣一個耿直的文弱書生，《討瞿戰報》卻用最惡毒的語言加以攻擊、污衊、中傷。我買下每一張小報，都要自言自語地說：對瞿秋白也如此鞭屍。對魯迅的知己如此鞭屍，如果魯迅在世，他恐怕也逃不過被聲討的命運。

尤其讓我「不可終日」的是，文化大革命除了批鬥之外，還天天通過社論、指示、講話鼓吹一套格外激進的意識形態，例如「階級鬥爭」、「基本路線」要天天講，月月講，年年講，「親不親，階級分」，總的意思是說一切關係都是階級關係，父子、母子、兄弟、姐妹、師生、朋友等一切關係都是階級關係，這是一種真正的「亂倫」關係。這種意識形態，其宣傳的宗旨是叫我們「六親不認」，即去除一切人間情感，去除一切個人之愛。因為宣傳得太離譜，我實在受不了。後來還得唱歌，我不這麼想，口裏還得唱出歌聲，心靈自然就更分裂。有一次，我在家裏無意識唱着「爹親娘親不如毛主席親」，正在洗衣服的媽媽聽見了，她很老實，從小不干預我的行為，這回她認真了，就問：「再復，你剛才唱什麼？說娘親不是最親，那我問你，你是誰養大的，養你的人不是最親的人？」我被問得啞口無言，只好說：「我不過是隨便哼哼，現在誰都這樣唱，我也跟着唱。」其實，我雖然和母親爭辯，心裏卻同意她的意見。在母親質疑的那一刻，我明白自己正是「心口不一」。在文化大革命中，我變成「心口不一」的人了，這是多麼可怕的變質。也許是因為有這種體驗，所以後來（已是二十一世紀）聽說在重慶又大唱紅歌，全國許多地方也跟着唱，我就不以為然，自然地懷疑他們到底是口唱還是心唱。有些人肯定是心口不一致的。

作為一個「人」，在文化大革命中我最後意識到，自己已不是一個「完整人」，而是一個「分裂人」。天天聽到「破字當頭，立在其中」，而我自己先被破了人格的完整，至於「立」了什麼，我不明白，過去不明白，現在也不明白。

文化大革命剛剛結束的那一年十二月（「四人幫」被揪出來之後不久），社會科學院在歷史所小禮堂召開一個老專家老學者座談會。我是應邀參加的幾個年輕學者之一。會議由于光遠副院長主持。他說：「我們應怎麼界定『四人幫』？今天可以討論一下。我覺得有兩個概念可以考慮使用，一個是『社會法西斯』，一個是『封建法西斯』，哪個更準確，可以討論一下。」他講話後，老學者們紛紛控訴「四人幫」。呂叔湘、夏鼐、吳世昌等先生的發言，讓我永遠難忘。吳世昌先生說，「四人幫」提出要批倒批臭「封資修名洋古」，這六個字天網恢恢，誰也跑不掉。誰能逃脫這六字中的一個字？我與封、資、修無關，但沾上名、洋、古，也是封，也是資。我明明想不通，但還得天天表態說文化大革命光榮、正確、偉大，想的是一套，說的是另一套，人格充分分裂了，可是誰能不分裂？吳先生性情坦率，說的全是真話，也全說到我的心裏。在文化大革命的高壓下，我再沒有完整人格了。

文化大革命讓我心靈完全分裂的是學雷鋒運動。雷鋒肯定是個好人。至今我還相信，他是好人、好士兵。但是，國家大規模倡導向雷鋒學習，卻使我十分為難。因為我的心靈是一顆文學心靈，這種心靈乃是重個性，重自性，在觀念上追求「不同」，而雷鋒的心靈乃是一種政治心靈，這種心性重黨性，重群體性，在觀念上重「認同」。認同什麼？雷鋒的認同非常絕對，非常單純，非常統一，就是認同最高領袖和他的「最高指示」。平心而論，林彪關於學雷鋒的題詞，即「學習雷鋒同志的榜樣，做毛主席的好戰士」，倒是擊中要害，抓到學雷鋒的真髓與真諦。經各種層面的解說，又把雷鋒濃縮為兩個意象：一是做「螺絲釘」；二是做「老黃牛」。更要命的是，工宣隊、軍宣隊進駐社會科學院後，全院實行「早請示、晚匯報」制度。請示什麼，匯報什麼呢？其中一個重大項目，就是匯報學習雷鋒的心得。這樣，我就完全分裂了：內心的文學要求尚未死滅，個人的性情還是求其不同，連讀《共產黨宣言》，我都想說一點自己獨到的體會，而表態時則是一百個「認同」：認同天天講階級鬥爭，認同天天講基本路線，甚至認同文學藝術只能遵循集體主義，只能絕對遵循黨性、階級性。正是在學習雷鋒的運動中，我感悟到自己不可以擁有自己的心靈。在社會主義的制度下，個人只能像雷鋒那樣，絕對服從組織，充當革命機器中的一顆螺絲釘，充當拖拉革命犁耙的老黃牛，沒有自己的生命，沒有自己的思想。由於我讀書一貫都很認真，所以學習雷鋒時也特別用功，也努力去想去做，結果就在這個學習運動中，我又感悟到另一個重要道理，即社會主義制度下一切都應當國有化，心靈也應當國有化。學習雷鋒就是應當把心靈黨化、國家化、國有化。沒有想到，我的這種認識得到軍宣隊的表揚，說我學習雷鋒後進步很大。一九九四年十月，我出國後的第五個年頭，我到台灣參加「四十年來的中國文學」研討會，會間，台灣著名作家陳映真先生來看我。一見面他就開門見山地說：「再復兄，你看毛主席說的全對了吧！資產階級就在共產黨內，走資派還在走。我就不明白你為什麼老講主體性，主體性不是個人主義嗎？與個人主義有什麼區別？個人主義有什麼好？集體主義有什麼不好？」我知道要和映真兄好好討論這些問題，非扯上一個星期不可，不必認真辯論，所以簡單地回答他：「映真兄，你講的是政治話語，我不爭辯。如果你講的是文學話語，那就完全錯了。文學不能沒有個性，不能沒有個人。你說集體主義有什麼不好？我說，文學是充分個人化的精神活動，一進入集體的框架，那就得把作家『組織』起來，把文學國有化，把精神計劃化，那就沒有文學了。」

「向雷鋒同志學習」，原是一九六三年毛澤東的題詞。到了「文革」時期由於林彪的再題詞，學習雷鋒又掀起新的熱潮。這種學習熱潮對於沒有思想的人也許沒有什麼，而對於喜歡思想又天生具有個性追求的人，實在很痛苦。在此熱潮之前，我要生存，所以就跟着時尚唱盡雷鋒的頌歌，千百次地表態要向雷鋒學習，要當好老黃牛與螺絲釘。然而，我又不滿足於平庸地生存，我是個生命存在，我想追求存在的意義，因此又不甘心充當螺絲釘與老黃牛。這種矛盾與衝突，愈來愈明顯，以致連自己也感覺到，已經喪失往日的天真和完整的人格，表裏不一，身心不一，知行不一。

從自己的切身體驗中，我明白了一個道理，即專制不僅使人「冷嘲」，而且使人「分裂」，政治上的獨裁勢必造成大量分裂人的產生。因此，到了林彪事件發生的時候，大家驚動不已，我雖也未曾料到，但心裏卻明白：林彪似的偽道德，人人皆有。一方面把領袖捧到天上，另一方面則根本格格不入。林彪一面把對毛澤東的歌頌調子唱得最高，另一方面又想把領袖打入地獄。他不過是分裂的程度比一般人更為露骨罷了。「文革」這種政治高壓與政治獨裁嚴重地破壞中國的國民性，嚴重地破壞每一個生命個體的心靈。從上到下，無人可以逃遁。以林彪為鏡子，我想到自己也是分裂人，只不過是大分裂與小分裂之差而已。

我意識到自己心靈的分裂，但是，我也明白，自己並非政治上的那種兩面派。在文化大革命中，兩面派太多了。後來的歷史實踐證明，政治上的最大兩面派恰恰是我們天天為之祝福的「林副統帥」。連他都無法以完整的人格生活，更何況平民百姓？林彪事件震撼了每一個中國人，但從林彪身上，各人有各人的總結。有人從正義與邪惡的角度說他一貫代表邪惡，從井岡山開始就反對革命路線，連平型關戰役的功勞也予以抹煞。這種總結法不僅歪曲個人，也歪曲歷史，難以讓人信服。也有人從批判他的「克己復禮」儒家教條入手，說他的陰謀來自中國傳統文化，這也是東拉西扯的胡說。實際上，林彪原先也是真誠的，但在強大的政治壓力下他也只能言行不一了。這就說明，一個國家的政治環境、人文環境對於個人的精神面貌和性格方向確實起着巨大的作用。許多悲劇，從表面上看是個人的悲劇，但實質上是制度的悲劇。好制度可以把壞人變成好人，即把鬼變成人；壞制度可以把好人變成壞人，把人變成鬼。林彪的悲劇，有其個人原因，但也有其制度原因。個人的極權專制壓得他人格破碎，導致他的悲劇發生。

我知道，我的心靈分裂不是政治意義上的分裂，而是文化意義上的分裂，也是個體精神層面上的分裂。二者的區別在於，政治意義上的分裂乃是政治鬥爭的一種策略，它並非內心的掙扎。而文化意義上的分裂，則是個人內心的矛盾。但相同處是二者都有偽裝。個人心靈的分裂之所以可怕，就在於它也不得不裝出另一副面孔，這種面孔發展下去，當然也會落入投機者的黑暗深淵。出國之後，我因反省文化大革命的心靈分裂，在《人論二十五種》中特別寫了一節《論分裂人》，劃清心靈分裂與兩面派的界線，也給分裂心靈敲下警鐘。慶幸的是自己沒有在政治上掉入虛偽的陷阱。在《論分裂人》中，我寫道……分裂人並不是現實社會中那種簡單的兩面人，即兩副面孔或多副面孔應付社會的人。這種人的兩面是適應社會的技巧和策略。所謂兩面，就是一面好，一面壞；一面善，一面惡；一面真，一面假，這本身就是一種價值判斷（judgement of values），而分裂人的「分裂」，不是價值判斷，它是一種內心的衝突（inner conflict）。一種精神世界的內在圖景，兩面人沒有這種圖景，沒有對世界深刻的感悟，在他們的靈魂世界中並沒有文化意義的衝突和對話，自然也沒有現代人的精神特徵。

第六章

心靈創傷的國家療治

一九九四年攝於美國波德自家後院

我的心靈分裂症到了上個世紀七十年代末得到一次療治，那是國家藥方的療治。

一九七六年十月，共和國清除了「四人幫」，文化大革命結束。清除「四人幫」鬥爭的勝利，不僅挽救了國家，也挽救了我個人。

「四人幫」的窮凶極惡，是他們以最激進的面目，把國家推向天天從事「階級鬥爭」的深淵。其名義是「以階級鬥爭為綱」。在這個荒謬的總綱之下，不僅社會上充滿烽火硝煙，而且整個思想文化體系也都以「階級鬥爭」為核心而旋轉。於是，中國真的變成一部「絞肉機」，每一生命個體，都不過是提供給這部可怕機器吞噬的肉塊。一個國家荒謬到這個地步，改革的思潮就不能不到來。

七十年代末，我有幸趕上改革的大潮。改革的結果，是使中國社會去除了無謂的「爭鬥」、緊張和恐懼；於是，八十年代呈現出寬容、寬厚、寬鬆的氛圍（「三寬」是當時的中宣部部長朱厚澤的語言）。這種氛圍，這種澄明的空氣，正是療治心靈分裂的最好藥方。

在這種氛圍中，我不再需要任何裝潢門面的東西了。「不需要面具」，這是多麼巨大的社會進步，多麼巨大的生存快樂。在八十年代裏，我該說的話就說，不情願說的話就不說。那時候，我心中一直記得哲學社會科學部黨委書記關山復講述他在「文革」時最大的內心苦悶是：由衷之言不能說，非由衷之言必須說。（關山復和劉導生等領導人在「文革」後期，放在我們的「單位」上，我親自聽到他如此說。）關先生的大苦悶正是心靈分裂的苦悶，這是時代性的共同苦悶，也可以說是時代性的心痛。到了八十年代，寬鬆的空氣讓我可以說由衷之言，不說非由衷之言，所以心痛就自然地消解了。

從七十年代末到八十年代初，大約六年的時間裏，全國各階層的人們悄悄地展開了一場心靈療傷的過程，這六年，可以說是我療傷歲月。療治我心靈分裂症的是兩種藥方，一是國家藥方，二是個人藥方，即文學藥方。

那段歲月，我覺得自己的心靈與國家完全一致，高度一致。那是我與共和國關係的「蜜月期」，那時，國家所講的話，都是我想講的話。鄧小平、胡耀邦的話，句句像雨點落在我乾旱的心裏。那些時日，國家的一切措施，國家所發生的每一件大事，都在療治我的傷痛。

那段歲月裏，首先是發生打倒「四人幫」的重大事件，完全出乎我的意料，然而一旦成為事實而且公佈之後，我卻進入人生的一場狂喜。那一瞬間，我重讀杜甫的《聞官軍收河南河北》的「漫卷詩書喜欲狂」，立即領悟它的詩意了。喜可以抵達「狂」的程度，我也有幸體驗到了。杜甫當時為國家發生的一件大事而「喜欲狂」，而我也為國家清除四個毒瘤而「喜欲狂」。真的，我從未因為國家發生的變動高興得這麼熱烈，這麼真誠，這麼久。那個時期，我傾聽國家領導人、《人民日報》社論、中央人民廣播電台的每一句話，覺得他們的每一句話都是療治我心靈傷痕的良藥。

我印象最深的是鄧小平在三中全會的講話，他說我們要結束「以階級鬥爭為綱」，對於我，這便是平地一聲驚雷。我剛聽到時，不敢相信，以為自己在做夢。然而，我聽了一遍又一遍，包括同事們的重說與傳達。是真的，我們的國家要結束「以階級鬥爭為綱」的生活了，我們的共和國，我們中華民族的生活重心要從階級鬥爭轉向和平建設了。這是何等英明的決定！這是何等偉大的變動！小平同志說要「結束以階級鬥爭為綱」，他說的這句話，才真的一句頂一萬句，一句頂一百萬句。小平同志，您好！您太了不起了。您敢於作這樣的變動與轉移！在我有限的知識系統裏，我知道這種變動的分量有多重，實施有多艱難。這樣大的變動，本來是需要戰爭，需要流血的！但是沒有戰爭，沒有流血，您太了不起了！您為了人民，不怕被扣上「修正主義」的大帽子，不怕被重新打入地獄。這地獄，我不入誰來入？！是的，中國人民需要有這種膽魄非常的偉大兒子。我在對鄧小平講話的思索中，覺得一種對國家的熱愛從內心深處升起，而一種對於個人的信心也在內心燃燒，我覺得自己的心靈恢復了完整。我整個心靈都在為國家歡呼，都在為國家的新生而充滿喜悅地跳動。是的，是整個心靈。絕對沒有先前的那種表裏不一。

除了鄧小平之外，胡耀邦的每一次講話，也都在為我療治創傷。我本來是一個不喜歡政治、遠離政治的人，可是，在那個歷史時節裏，我把耳朵豎得高高的，像一隻兔子，哪裏有胡總書記講話，我就趕到哪裏。有一回，我竟然聽他講：「我們不僅要徹底否定文化大革命，而且還要否定反右派運動。我們要為五十萬『右派分子』平反。」他還說，「我決定這麼做了，反正千秋功罪，自有人評說」。記得那時他兼任中央組織部部長，說的話，一言九鼎，一字千鈞！那一瞬間，我再一次感受到九雷轟頂，再一次懷疑自己的耳朵，再一次以為自己在做夢。「千秋功罪，自有人評說」，我願意當一個永遠的「評說人」，而且此時此刻就評說：太正確！太了不起了！這是一個嚴肅的黨，這是一個嚴肅的國家，這是一個嚴肅的偉大領導人！敢於正視自己的歷史錯誤，敢於糾正像「反右運動」這樣的歷史錯誤。胡總書記，我愛您，我敬您，您代表着黨和國家殘存的「仁愛」，我要和您一起承擔過去的錯誤，也將和您一起，承擔之後的所有責任。在聽完胡耀邦的講話之後的那一個夜晚，我在床上翻來覆去，怎麼也睡不着。我覺得是到了我為國家獻身的時候了。我願意為國家犧牲，願意為國家端正路線、修正錯誤去犧牲，可是國家很穩定，並不需要我的激烈情懷。儘管不需要，但我的心靈強烈地跳動着，空前活潑，我聽到自己的心靈「泊泊」燃燒的聲音。我知道，這是我心靈的裂痕消失的聲音。面對國家的偉大改革事業，我和它保持一致還來不及哩，哪有分裂的可能！

那段歲月，國家召開一次又一次的會議，採取了一項接一項的措施。鄧小平在科學院召開知識分子座談會，他批評文化大革命是「褻瀆聖人」。接着又知道「人民公社」取消了，「三面紅旗」不再強制人們去支撐。中國的大門隨之打開了，鄧小平訪美，成千上萬的留學生奔赴西方深造，一切一切，都化作「國家藥方」，時時都在療治我的心靈。一九八四年，我的愛國熱情上升到沸點，在日本訪問時，我用半個小時，寫下了謳歌祖國的散文詩：

我愛我的溫柔的土地

我愛我生活着的土地，被陽光所照明的、比任何一個星球都要溫柔的土地。這裏有家園的溫馨和鄉間的音樂，有智慧的光華與詩意的愛情，有含苞的憧憬和開放的信念。我相信呼吸在這地上的許許多多同伴，都有善良和正直，都在心靈裏珍藏着閃光的寶石。

我愛我生活着的祖國的土地，被長江與黃河的乳汁潤澤得更加溫柔的土地。這裏有過洪水，但也有制服洪水的大禹；這裏有過專制的王冠，但也有踏着蒺藜去搗毀王冠的英雄豪傑；這裏有過鴉片，但也有燒毀鴉片的氣壯山河的大火；這裏有過吃人的筵席，但也有推翻這筵席的、不惜用鮮血浸染紅旗的大群的猛士。我相信這土地上的許許多多同胞，都有耿介與勇敢。

我生活着，注視着我的溫柔的土地，去尋找心靈的寶石和珍珠——在別人心上，也在自己心上。

我願意為他和她獻身，當我發現寶石，比我的生命還要寶貴的時候；

我願意為他和她犧牲，當我發現珍珠，比我的生命還有價值的時候；

我願意毀滅，當我所摯愛的溫柔的寶石為她鋪築道路的時候。

療治我心靈分裂症的，除了「國家藥方」之外，還有「個人藥方」，這就是文學藥方。七十年代末和八十年代初，中國當代文學的主流是「傷痕文學」。所有正直的作家都在展示以往歲月給中國人民心中留下的傷痕。我以空前的熱情閱讀這個時期的作品，從劉心武的《班主任》、盧新華的《傷痕》，到張潔的《愛，是不能忘記的》。每一部作品都讓我產生共鳴，我常常讀得熱淚盈眶。那段歲月，我除了從事魯迅研究之外，還常常有創作的衝動。我想：作家們寫的「傷痕文學」，那是國家與人民的傷痕；而我應當寫寫自己的傷痕，也可以說是自我的「療傷文學」。唯有療好自己的傷痕，才有資格面對時代的傷痕。於是，我寫下了一篇又一篇的散文詩，面對的全是自己，即以往自己心靈的荒疏、失落與分裂。首先，我承認自己的心靈失落過：

真的，我曾失落過心

真的，我曾失落過心，和我的許多同齡人一起，失落過。

我曾失落過心，在那雨橫風狂的歲月，在那理性哭泣的時辰。當那最寶貴的東西失落的時候，我像一隻失去槳和帆的小船，在大海的狂濤中沉浮。大地，白雲，星空，一切大自然的位置都在我眼中顛倒，傾斜，一切文明的大建築都在我面前崩塌。

我彷彿回到了遠古，置身於洪荒，與猿群一起在野蠻中掙扎。我的軀殼只負載着一個精神荒涼的世界，在這世界裏，愛情的故事，今天與明天的信念，今人與古人的詩歌、音樂，還有那一切積澱於腦中的人的溫熱，都被我視為邪惡，我向它們宣戰。那時我似乎是個戰士，然而胸中是空蕩蕩的，日子是蒼白的。

真的，我失落過心，我記得心從軀殼掙脫出去的歲月。因為我記得，所以我的心復活了。正是為了讓心靈和春天在胸脯中復活，我才寫着這些真實的詩，日夜不停。

接着，我又寫了一系列具有懺悔意識的作品，雖然較為簡單，但情感卻是真實的。例如：

假如我設置一個地獄

假如我設置一個地獄，那我將首先放進我自己。

當我剛剛踏進生活，生活就欺騙了我，而我也迎合了荒唐的生活。

在那動盪的日子，我的靈魂隨風飄蕩，我的軀殼隨人奔波。搖擺着軟弱的手和軟弱的頭，扭曲了書生正直的性格，高喊着空洞的口號，助長着母親的苦痛，大地的貧窮，人性的懶惰。使歡笑更少，眼淚更多。

我知道我的荒唐僅僅由於幼稚——馬克思最能原諒的弱點。但在那個古怪的年代裏，地上充滿着古怪的戰爭。幼稚變成古怪的炮灰。幼稚也給仁慈的母親造成了傷口。

我不寬恕自己，但也不再把自己凌辱。我把幼稚放在自己設置的地獄裏，在自己製造的地火與岩漿中煎烤，讓幼稚在煎烤中成熟，讓靈魂在冶煉中昇華，並找到切實的天堂——為人類的富足、歡笑而獻身的地方。

我的反省，不僅從七十年代末延續到八十年代初，而且延續到八十年代中期。那時我雖然已經當上文學研究所所長，但從裏到外，都沒有「所長相」，也就是說，官職官位並不影響我的反省與療傷。我在一九八七年所寫的《尋找的悲歌》，繼續着我的「懺悔」：

自己曾經多麼無知，多麼醜陋。
揮灑了那麼多廉價的眼淚，那麼多廉價的熱情，那麼多廉價的愛與仇。
空洞的呼喊震動了山谷，但未曾在青春的小路上，留下一朵像山花那樣美麗的腳印；
對着高高的群山，表白過一萬個「無所畏懼」，但未曾在一個崎嶇的斜坡上，嘗試過青春的果敢。
說是聰明，為什麼踐踏了那麼多難返的風華，難再的光陰；
說是純正，為什麼寬恕了那麼多虛偽與圓滑，無聊與無恥；

說是剛強，為什麼學會膽怯的苟安和狡黠的敷衍，陰盛陽衰，腸胃裏滑動着那麼多的脂粉與世故。

為什麼那麼無知？為什麼不懂得駕馭自己的靈魂？為什麼在喧嚣不止的日子裏，不會悄悄地尋找與跋涉——沒有腳步聲，連看守的魔鬼也以為你在沉睡。強大的生命，即使在大雪覆蓋的嚴冬，也可以點亮自己的篝火。人生多麼有限，尋找不僅該在太平昌盛的日子，也該在人世荒唐的時辰。

在荒唐的歲月裏，我也曾為人生的虛空感到恐懼，曾為思想的蒼白感到驚慌。

然而，追求的萌芽剛從心靈的凍土中抽出，我就被拋落到遙遠的地方，那是炎熱的中原，淮河濁浪洗劫過的村莊。

虔誠地充當一頭黃牛，吃着野草，拖着犁耙，絕無奢侈的心願。只是，猛然間想起：我是別一種黃牛，我本是屬於別一片土地，那一片拋荒多年的地上，我該耕耘，該尋找些什麼。

第七章

八十年代的「大戰風車」與心靈飛揚

一九九四年攝於加拿大溫哥華

從七十年代末到八十年代，是我最開心的日子。一九七八年我到文學研究所魯迅研究室工作，仍然是心靈歡暢的時節。那時，我思想飛揚，心靈飛揚。一九八一年剛把《魯迅美學思想論稿》、《魯迅傳》交稿，就對自己的作品不滿意，覺得自己太幼稚，太簡單，不是「我注魯迅」，就是「魯迅注我」。那時候，我長出了一顆雄心，一顆野心，覺得自己應當像唐·吉訶德那樣「大戰風車」。當時我認定的「風車」就是「蘇式教條」，覺得文學中的「社會主義現實主義」就是蘇式教條的具體表現。「現實主義」本是好東西，好方法，然而，一旦加上「革命」的帽子和「社會主義」的帽子，就加了個意識形態前提，那還怎麼「現實主義」？怎麼「真實」地反映現實？至於把社會主義現實解釋成「革命現實主義與革命浪漫主義」，就更是不通。我必須把投槍投向「社會主義現實主義」。那時，我的精神處於高度亢奮狀態，心靈處於高度活潑狀態。儘管「現實主義」加了頂「社會主義」桂冠，我也不在乎。於是，寫完《魯迅傳》之後的第三年，即一九八三年，我便開始構思「人物性格二重原理」，並決心把它發展成專著。我敢提出「原理」，本身就是一種野心。難怪胡繩先生見到我時，第一句話就是：你還敢提出「原理」，口氣好大。

一九八四年，我發表了《論人物性格二重組合原理》，轟動一時。這一年，我當上全國青年常委，並被胡錦濤（時任全國青聯主席）派往日本參加創價協會的文化節。出發前，胡錦濤說：「這回你當團長，要發表多次講話，我已讓團中央為你準備了七個講話，你照讀就行了」。我說：「我不用講稿，到時即興發言就可以了。」果然，在日本訪問時，我每次發言都是即興發言，所以池田大作先生很高興，對他的翻譯說：「這回中國派了最優秀的青年來了。」一九八四年秋天，是我心靈最飽滿的時刻，我的一切所思所想天然地與國家息息相通，十分清楚該說什麼話，不該說什麼話。我心裏的話就是國家要說的話。

一九八四年秋天回國後，我又進入全國政協青年組，組長正是胡錦濤。這個政協青年組，都是各界青年俊秀，因為文化大革命十年的耽誤，多數委員都在四十歲以上。我記得，這些委員有楊樂、李富榮、李大維、范曾、關牧村、劉曉慶、杜憲、劉厚明等。那時我四十三歲。在小組裏，我屬於最敢說話的人，那也是心靈飛揚的緣故。有一次我當着胡錦濤的面說了一席心裏話：「我是社會主義公有制養育長大的，所以不可能反對經濟國有化；然而，我真的反對心靈國有化，交心運動，鬥私批修運動，都是心靈國有化的手段。心靈一旦國有化，那就沒有個性，也不可能有什麼精神價值創造了。」胡錦濤聽了開始有點驚愕，但想了想還是輕輕地點了點頭，沒有駁斥我。幾次在人大會堂，人大代表和政協委員聯合開會，胡錦濤都讓我代表小組去發言。當然，我發言的題目並非在小組裏所說的。

我在政協裏敢於講話，講到有點名氣而讓胡耀邦知道了。胡耀邦很開明，知道我講的是真話，而且是為了國家更好更健康，因此，他竟然和政協辦公室說：「以後凡是劉再復的發言，都立即送到我這裏。」這是當時在政協辦公室工作的一位朋友告訴我的。我聽了很感動，因此，照樣大膽說話。

八十年代，我的心靈創傷療治好了。頓時，心靈就像脫韁的野馬。不，不是「野馬」，而是「天馬」，當時我的心靈就是天馬行空。對，是行空的天馬。那個時期，我腦子裏只有兩個想法，一是「前行」，一是「突破」，想打破三樣「文學障」。第一是突破戰時文工團傳統；第二是突破機械「蘇式教條」；第三，也是最重要的，是首先要打破像囚牢似的對於領袖的「個人崇拜」（詳見《我的錯誤史》）。

在全國性的個人崇拜潮流中，我也不例外。個人崇拜的結果是，全國十億人，只剩下一個人在思想，其他人一概照辦。也可以說，唯有一個人擁有心靈，其他人都沒有心靈。我緊跟潮流而浪費了十幾年生命，這是我人生中最可痛惜的錯誤（留待《我的錯誤史》詳述）。我的心靈飛揚，首先正是從「個人崇拜」中走出來。於是，我不再只唱「大海航行靠舵手」，把「大海航行靠舵手」歌詞悄悄改為「大海航行靠自己」。我心中也形成「滄海自渡」的內在口號，並把這四個字書寫給許多朋友。凡事自己要獨立思考、獨立支撐、獨立判斷了。於是，我決定要獨自「乘風破浪」，讓心靈飛揚一番。我既然從事文學，那就在文學上當個「弄潮兒」吧！當時，我覺得阻礙中國文學發展的主要問題，是作家喪失個性，整個中國當代文學全都沒有改變戰爭時期的文工團傳統。戰時殊死搏鬥，兩個營壘你死我活地搏鬥，革命營壘要求文藝為戰時政治服務，要求文藝工作者變成一支不穿軍裝的軍隊，這是可以理解的。那時的文藝，實際上是文工團文藝，給行軍中的部隊以戰鬥動員和精神力量的文藝。也就是說，文藝乃是政治工具，行軍工具，戰鬥工具。這一切都可以理解。然而，戰爭結束了，人們開始了和平的日常生活，在新的環境中，文學藝術也必須與時俱進，文藝不能只當革命機器中的螺絲釘，不能只是滿足戰爭的需要。它必須着眼於豐富人們的心靈，着眼於豐富全民族的精神生活，而且文藝自身要按照自己的特殊精神，提高自己的藝術水平。然而，新中國創立後的前三十年缺少這種意識，仍然停留在戰時文工團的水平，着眼點還是下里巴人，還是黨性原則。這就需要變革，需要有知識精英出來呼籲。我意識到這一時代的使命，便對文工團傳統的一些存在理由提出質疑。於是，我提出「性格二重組合原理」和「文學主體性」等新的文學命題。在提出這些新理念時，我並不是簡單地否定以往的文學理念，而是以充分理解的態度對待《在延安文藝座談會上的講話》，說明戰時提出文藝為政治服務、為工農兵服務等口號的必要性，也尊重在現實層面上黨員繼續講黨性、革命者繼續守持革命性的合理之處。只是強調，作家進入文學創作時，應超越「現實主體」而進入藝術主體，即應超越世俗角色而進入本真角色，在創作時多講一些他人不可重複的個性、自性、人性。我的一切論述全是為了新中國文藝的繁榮，然而我的充分說明卻遭遇到政治上綱式的批判。

在八十年代，我的心靈飛揚還表現在另一方面，那就是對一些理論教條有意識地展開質疑與批評，所謂「反映論」，所謂「典型論」（「典型環境中的典型性格」），所謂「階級論」，全是偽現實主義。從五十年代到七十年代，中國產生的一些代表作，從《紅旗譜》到《紅日》、《紅岩》，從《龍鬚溝》到《青春之歌》，從《艷陽天》、《金光大道》到《李自成》，哪一部是真現實主義？這些作品全是政治意識形態的形象轉達。一九九三年，我為香港天地圖書公司主編「文學中國叢書」，把高行健的《沒有主義》一書收入其中，因為我完全贊成他的文學理念——文學創作不應以任何「主義」為前提和出發點。放下「主義」，才有自由，也才有真實。中國前期當代文學的全部問題正是政治意識形態壓倒一切，「主義」凌駕一切。文學要贏得解放，就要擺脫意識形態的束縛。所謂「思想解放」，就是要從「主義」中解放出來的「獨立不移」；所謂「心靈飛揚」，就是從「教條」中走出來的大自由。

儘管我胸懷好意，但是，三十年所形成的思維定勢已經接受了蘇式教條，因此，要進行改革便非常艱難，所以我把質疑「蘇式教條」比作與唐·吉訶德「大戰風車」所幹的傻事差不多。但我還是知其不可為而為之，態度積極，心思亢奮，與幾位朋友一道奮勇向前，明知好時光不多，明知傳統思維根深蒂固，我還是知難而進，不斷發表文章，炮轟舊教條。北京師範大學的鍾敬文教授稱讚說：劉再復的文章，每一篇都像一顆重磅炸彈，炸的是舊教條，舊意識形態。不錯，我在八十年代的整個狀態是戰鬥的，其心靈就像炸彈，對於舊教條，一點也不留情。

還有一事必須提及。八十年代，我開始接受胡塞爾的現象學，並受到極大的啟發。「現象學」告訴我們，要擁抱事物的真相，就要懸置概念。我立即悟到，我們的生活的真實，人性的真實，全被概念即「主義」遮蔽。作家詩人的心靈也被概念遮蔽了。覺醒的作家詩人，應當去除「遮蔽」，應當為去除遮蔽而打破概念障，打破主義障。

第八章

政治風浪中最痛苦的人：心碎了！

一九九四年攝於加拿大溫哥華

一九八九年初，我應美中文化交流協會的邀請，到美國五所大學訪問，並各作一場學術演講。這五所大學是：哥倫比亞大學，哈佛大學，芝加哥大學，斯坦福大學，加州大學聖地牙哥分校。

到美國後不久，國內的民主運動還在繼續。我所在的文學研究所成了第二批簽名運動的中心，我在國外看到了聲明與名單，但仍然無動於衷。我並不熱心於「街頭運動」。第一批簽名時發起人北島也到我家爭取我簽名，但我刻意迴避他。後來看到簽下名字的有冰心、李澤厚等忘年之交，我還專門到皂君廟的李澤厚家，問他：「您平時不熱心政治，這回怎麼簽名了？」他回答說：「因為北島來找我，我就不得不簽了。」原來，他的簽名也是被動的。聽澤厚兄一講，我心裏更有主意了：這回絕對不捲入運動。我沒有時間，不能再把生命消耗在這種無謂的運動中了。

當時我確實是這樣想的，覺得自己已在文化大革命中浪費了十年時光，不能再浪費了。除了這個原因之外，我還有一個對中國政治態勢的基本認識。我覺得，八十年代雖然有不合時宜的「清除精神污染」運動和「反資產階級自由化」運動，但無論如何，八十年代，包括學生運動興起的八十年代末，仍然是中國歷史上最好的時期之一：中國把大門打開了，民族生活重心轉向經濟建設了。中國正在進行自上而下的改革，這是真改革，不是假改革。以鄧小平、胡耀邦的名字為符號的中國改革事業，雖有弱點，但從宏觀的歷史視角看，這場改革很偉大，很了不起。我從七十年代末開始就全身心、全靈魂地支持它，十年之後的八十年代末，我仍然全身心、全靈魂地支持它。現在激進的學生和知識分子要請願，要造反，我從內心深處覺得不合時宜，也不情願全力支持他們，所以並不贊成知識分子的簽名運動和學生的請願運動。在美國訪問期間，國內的政治運動愈演愈烈，可我還是按自己的計劃，一個學校一個學校地進行學術講演。演講前就陷入沉思，並不關心國內的動盪。直到五月四日前夕，我才想起一件重要事情：我是中國社會科學院紀念五四運動八十週年主席團的成員。出國時胡繩院長一再叮囑：無論如何，你一定要回國參加這個學術大會，並準備好一個有分量的發言。當時我已準備好一篇論文，題目是《「五四」後啟蒙主體的位置互換》，其內容講述的是五四運動中作為啟蒙主體的知識分子，他們帶着啟蒙大眾的使命企圖改造中國。但三十年代後的左翼文學運動和革命運動，已根據領袖的思想，認定工農大眾才是革命的主力軍，知識分子的使命不是啟蒙大眾，而是應當和大眾打成一片，接受工農大眾的教育和改造（啟蒙）。也就是說，五四運動的啟蒙主體是知識分子，而三十年代之後，啟蒙主體則是工農大眾。胡風的「倒霉」，就是沒有看到這個主體互換的歷史趨勢，仍然守持作家詩人（知識分子）應當啟蒙工農大眾的老思路（五四思路），所以與新中國的主流意識形態產生了嚴重的衝突。我的論文主旨是說明：五四有五四的道理，三、四十年代有三、四十年代的道理。採取折中主義態度，既不損害胡風，也不損害延安文藝座談會的基調。五月初，我買了機票準備回國，可是五月三日的飛機因偶然的原因不能起飛，我被延期到五月八日才返回中國。那時五四大會已開了三四天，我回國後很累（倒時差），就請假待在家中，沒有參加會議。回國後我一直休息，連文學所與台灣學界聯合召開的學術討論會（香山會議）也無力參加。

返回北京後，我知道學生運動還在進行，而且知道，五月初《人民日報》已發表社論，界定學生運動為「動亂」。那個時候，我突然陷入彷徨之地。之所以彷徨，是因為我對運動的各方都愛，都採取理解的態度。我既同情學生，也同情政府。覺得學生有些民主要求，有反貪污腐敗的要求，其熱情可嘉，無可厚非。那些天我常想起美國立國初期的總統傑克遜的一句話：我希望經常看到有示威遊行，這可以避免政府腐敗。我並不把學生運動看得那麼嚴重，覺得判斷學生運動是「動亂」，肯定是太「本質化」，即太簡單化了。另一方面，又覺得政府治理一個十幾億人的大國，確實不容易，不要讓政府太為難。何況中國又處於大改革中，難度很大，不可給政府增加困難。於是，我從內心深處覺得，當戈爾巴喬夫即將到中國訪問的時候，學生應當有所退讓，應當給政府一點面子。而政府也應給學生一點面子，即收回「動亂」二字即可。就在自己彷徨無地的時候，老朋友徐剛（詩人）請我參加五月十四日晚上的一個知識分子聚會。我一走進會議廳，就感到會議的氣氛十分嚴峻。我剛坐下，會議主持人就讓我簽名，我連聲明書的內容都沒有仔細看就簽了名。第二天向全國公佈的知識分子聲明書，我竟然被放在第一名，變成了「領頭羊」。第二天晚上（五月十五日），我在勁松家中，李陀來找我，說昨天的聲明書，重要知識分子都簽名了，就缺錢鍾書先生，要我給錢先生打個電話。我立即照辦。錢先生用明確的語言告訴我：「再復，你不要熱心這種事。國民黨時代也鬧學生運動，我一次也沒簽名，這回我已簽了三次了，不再簽了。我勸你也別簽。」我當即把錢先生的話轉告李陀。就在這個時候，電話鈴響，是戴晴打來的電話。她說，明天《光明日報》有個商討會，請願學生的代表參加，另外，胡啟立、芮杏文、嚴明復同志說，現在政府的話學生不聽，所以要請一些知識分子幫忙，規勸學生適可而止。戈爾巴喬夫要來訪問了，應當給政府一個台階下。我聽了之後，覺得這三位領導人的想法很對，要求並不過分，應當勸學生適可而止。我作為一名「有影響」的知識分子，也應當盡自己的責任，所以就立即答應戴晴，明天一定會去參加。李陀走後，我立即打電話給李澤厚，問他明天參不參加「《光明日報》會」。他說：參加，《光明日報》的負責人開車來接。第二天，我就按照自己的許諾，準時到了《光明日報》社。那一會兒，才知道學生的代表是王瑤先生的女兒王超華。到會的知識分子有嚴家其、蘇曉康、戴晴、于浩成、李洪林、溫元凱、李澤厚、包遵信、李陀、麥天樞、蘇煒等。我記得就在會上，嚴家其起草了一份《我們對今天局勢的緊急呼籲》。這份呼籲書我倒是認真讀了一遍。呼籲書說：「自昨晚得知大家來天安門靜坐絕食的消息，我們都非常理解，非常難過，非常擔憂。」還說：「民主是逐步成長的，不能期望它在一天實現。為了中國改革的長遠利益，為了避免發生親者痛仇者快的事情，為了使中蘇最高級會晤能夠順利進行，我們懇請同學們發揚這場學潮中最可貴的理性精神，暫時撤離天安門廣場。」呼籲書也向政府提出要求：「一、中央負責人發表公開講話：肯定這次學潮是愛國的民主行動，絕不以任何形式對學生『秋後算賬』；二、承認由大多數學生經過民主程序選舉產生的學生組織是合法的；三、不能以任何藉口、任何名義、任何方法對絕食學生採取暴力。」我讀了呼籲書，覺得它既對政府有要求，也對學生有要求，態度大體公平，所以就提筆簽了名。當時我完全沒有想到，這次簽名，會導致陳希同在《平亂報告》中點了我的名，更沒想到最後導致我的流亡。但應當承認，我在《光明日報》社的那個下午，心緒十分混亂，不知如何是好。我本就不懂政治，這回面對的又是如此複雜的政治。我只希望衝突的雙方都能相互讓步，學生應撤離廣場，政府萬萬不可以「報復」。我在呼籲書上簽名，也只是表明這種簡單的善良的願望。

然而，事態的發展完全和自己的願望相反。一方面是絕食學生不願撤離廣場。當我們這些「知名知識分子」抵達廣場之後，開始聽到的是歡呼聲，是「老師您好！」，之後便聽到「絕食到底！」、「革命到底！」的口號，顯然，我們並沒有回天之力。知識分子在學生的眼中並不那麼神聖。勸阻學生失敗之後，我們又徒步到統戰部見了政府代表、國家教委主任李鐵映，他的態度十分強硬，一見面就說：「你們這些人都是搞歷史的，是非應當讓歷史來作結論。」我聽了之後，本能地回應了一句話：「不錯，是非應當由歷史說話，可我們的政府說得太早了。說學生運動是『動亂』，這種結論下得太早了，是不是可以考慮把『動亂』二字收回？」李鐵映嚴詞回答：「我們黨和政府又不是小孩，不能昨天那樣說，今天又改口。」結果不歡而散。

在回家的路上，我突然「自憐」起來，先是覺得自己很孤獨，沒有人能理解我。這是我在「四人幫」垮台之後第一次感到空前的痛苦，並且覺得自己可能是全中國最痛苦的人，最痛苦的知識分子了。因為那時候，我完全彷徨無地，完全陷入不知所措的境地之中。一方面，我真的支持學生的民主要求，覺得偌大中國，有些學生出來吶喊，有益於黨和國家的健康。小震撼不要緊，小震撼之後肯定會更健康。小震撼不解決，一定會積成大震撼，那時候就難辦了。我並不把學生運動看得那麼可怕。當然，我也覺得學生採取「絕食」的極端行為是不對的，我並不贊成學生運動的極端化、革命化。另一方面，我又真的很支持政府，認定當時執政的政府是執行鄧小平改革開放路線的政府，也是一九四九年後最開明的一屆政府。對於這一屆政府，只能幫助其改良，切不可以「打倒」、

「推翻」、「革命」等方式對待。因此，我當時最希望的是，政府與學生能夠妥協，相互讓步，絕對不贊成一方吃掉另一方。何況，我一直以鄧小平、胡耀邦的鐵桿改良派自居，也知道今後一定有人會把我當作「體制內改革派知識分子」寫進歷史，也就是說，當時我既愛學生，又愛鄧小平、胡耀邦。可是，眼前的局勢卻是勢不兩立，政府與學生劍拔弩張，誰也沒有妥協的意願。怎麼辦？怎麼辦？我無能為力，痛苦極了。從美國回北京後的十幾天，是我人生中最痛苦的日子，我愛莫能助，既無法「助」學生，也無法「助」政府。「兩間餘一卒，荷戟獨彷徨」，當時我老是唸着這句話，但身不由己，一切只能隨大流了。

除此之外，我還「自憐」自己作為一個知識分子，根本沒有力量。我覺得，那天（五月十六日）自己所看到的一切已經表明：所謂「知名知識分子」，根本沒有力量！

我想，這回我們這些「知名知識分子」在學生面前和在政府面前都失敗了。不要把自己估計得過高，以為學生和政府會聽你的話。那個晚上，我的收穫是增加了一些自知之明。也許是出於這種自知之明，所以我在五月十六日之後，並不主動地參與策劃任何組織與活動，只被動地參與了兩次示威遊行。包遵信找我說：「聽說你們研究所有排字設施，是否可以幫助我們印刷『民主戰報』？」我為了保護文學所，立即予以拒絕。沒想到，六月初，大量軍隊進入北京；更沒想到，六月三日夜晚和六月四日凌晨，政府真的對學生使用了暴力，真開槍了。

這一天的子彈打到學生們的身上，也打到我的心上。我的心靈中了子彈，完全破碎了！破碎的心靈首先為我熱愛的孩子們哭泣，他們的身上流着血。我相信他們也是為了國家的進步和健康而吶喊。但是他們有的死了，有的流着血。同時，我也為我所愛的中國改革領袖們哭泣，他們以後怎麼面對歷史？怎麼能開槍殺害自己的孩子？雙手沾上的鮮血怎麼洗清？！我當時明白了，這場悲劇性的運動沒有勝利者。學生是失敗者，知識分子是失敗者，政府也是失敗者。我的心靈完全破碎了。「四人幫」垮台後我那顆充滿希望的心靈破碎了！伴隨着這顆心靈的那份真誠的快樂結束了！那份激情，那份酷愛，那顆熱烈擁抱社會的心靈消失了，死亡了！我的心靈史翻開了黑暗的一頁，幾近絕望的一頁！

第九章

初臨西方的心靈困境與自我療治

一九九四年攝於加拿大溫哥華

心靈被「六四」的子彈打碎之後，接着就是逃亡。子彈不僅打中我的心靈，而且把我的身心推向地球的另一端。

到美國之後，我經歷了人生最痛苦的歲月。一方面是子彈還在心靈裏撞擊，昨天的事件還在折磨自己；另一方面則是到達一個陌生的地方，需要適應，這是另一個國度，另一種文化，另一套規範。我知道，自己正在經歷着「轉世」的艱難，進入第二人生。

轉世要歷經各種「鬼門關」。有語言關、生活關、環境關等等，我寫的《逃避自由》，只講了生活關。在國內時，什麼都由組織、單位辦理，由國家負責；到了海外，則什麼都得自己去做，連買張車票、機票也得自己去做。原來，自由世界是什麼都得獨立自行解決問題的世界，沒有能力就沒有自由。這種自由真可怕，我真想「逃離」它。這其實是在生活關口之前的恐懼。我把這種恐懼感寫成一篇散文——《逃離自由》。這篇散文還被斯坦福大學編入中文教材。但生活難關並不是最難衝破的關口，最難最難的是心靈關。人的心靈真是奇妙，我在這段日子裏，每天每夜都充滿牽掛——遠在大洋彼岸的母親、兩個女兒怎樣面對突變？生活得怎麼樣？此次倉促出國，遠離了故土與親人，被連根拔起，面臨的是沒有邊界的時間的深淵，什麼時候才能見到那些關心自己的親人與朋友？在孤獨到極點的時刻，摯友高行健打來了電話，他說：「我們到了海外，最重要的是要當一個心理的強者。第一步先抹掉政治投在我們心靈上的陰影；第二步就要進入精神價值創造了。我們在國內已經很努力了，但是，到了海外，必須雙倍努力，雙倍用功。」這些話，我在路過巴黎的時候，他就鄭重地和我說過，此次又在電話上鄭重對我再說。他的話擊中了我的要害。是的，應當趕快站立起來，首先當個心理的強者，也就是心靈的強者，不要被孤獨打倒。也是在這個時節，我聽到國內傳來消息，中宣部部長發話，要把劉再復這些人憋死、困死、悶死、餓死、氣死。這位部長，我一直瞧不起他。他在主持《紅旗》雜誌時，曾派林文山先生向我組稿，說你可寫篇商討的文章，以平息海外對我們的誤解。我斷然拒絕了。我說，你們對我政治上綱，然後又要我替你們遮蔽專制的行徑，辦不到。此事得罪了他，後來他當了宣傳部部長，幾次請我參加會議，我都拒絕了。再後來，我流亡了，他心裏自然高興。然而，要高興得徹底、盡興，只能是看到我困死在海外，因此，他說「憋死、悶死、困死、餓死、氣死」這些狠話，我是相信的。一旦相信，反而化為力量，反而想好好活着，想帶着強大的心靈活着。於是，我用積極的態度開始了一個心靈的「自我療傷」過程。

這個過程是個寫作的過程。我開始寫作《漂流手記》。關於這一點，《我的寫作史》中已有敘述，此處不再嘮叨了。但這個過程，也是一個旅遊的過程。讀萬卷書，可以療治心靈的寂寞與痛苦；行萬里路，也可以是療治的一劑藥方。一九九二年，我受瑞典斯德哥爾摩大學聘請，到那裏擔任客座教授。從瑞典出發，我開始周遊列國，丹麥、挪威、德國、俄羅斯、法國、荷蘭，一路走，一路想；一邊觀賞，一邊思索。無論是在法國的羅浮宮，還是在瑞典的勃朗寧巨畫前，我都被感動得落淚。在這些偉大且永恆的藝術創造面前，自己的成敗算得了什麼？有蒙娜麗莎、斷臂維納斯這些不朽的美陪伴着，還要整天歎息着孤獨與寂寥嗎？在散文《悟巴黎》中，我記錄了自己真實的心緒：

人類誕生之後，經受過無數次殘酷劫難的打擊，神經所以不會斷裂，就因為有這些溫柔而精彩的靈魂的安慰。一九八九年夏天，當我穿越悲劇性的風暴，第二次走到維納斯與蒙娜麗莎之前的時候，突然感到一滴一滴的星光落進我的心坎，渾身滾過一股暖流，而且立即悟到：我已遠離恐懼，遠離滄海那邊的顛倒夢想，一切都會成為過去，唯有眼前的美是永恆永在的。五十年前，當納粹的強大鐵蹄踏進巴黎的時候，巴黎人也相信，一切都會過去，只有維納斯與蒙娜麗莎是無敵的，她們的光彩不會熄滅，時間屬於至真至善至美的至情至性者。「天下之至柔，馳騁天下之至堅」，中國的古哲人老子早就這樣說。這是真的，沒有什麼力量可以摧毀藝術，最有力量的不是揮舞着鋼鐵手臂的暴君暴臣，而是斷臂的維納斯，她才真的是不落的太陽。……

我的心靈確實得到了古希臘女神和其他古典女神們的拯救。我從她們身上得到生命提示，有如得到火把的照明。當我看到她們那雙黎明般清亮而安寧的眼睛，就知道自己已穿過暗夜，並戰勝死神的追逐，又回到人類母親的偉大懷抱，用不着繼續驚慌。我在漂泊路上的滿身塵土，是維納斯的眼波洗淨的，我那已經臨近絕望的對人類的信念，是在蒙娜麗莎的微笑裏復活的。此次心靈的創傷，和文革那次創傷一樣，非常嚴重。而且，文革那次創傷之後，進行療治時有國家藥方（國家勝利的喜悅），而此次創傷則完全沒有。國家不僅不是醫藥，反而成了痛苦之源。想到天安門、坦克和那些領導人的形象，心靈就愈發痛苦。而被稱為「美利堅」的國家，則離我很遠，我甚至不知道它在哪裏。因此，能幫助我心靈自療的只有書本（寫作）、朋友、藝術和大自然。關於書本的療傷和寫作的療傷，我在《我的寫作史》中已作了記錄。關於藝術的療傷，我在旅遊中的一切人類的藝術精華確實都給我安慰與啟迪。關於朋友的療傷，我應特別感謝三個人，一是李歐梵先生，二是余英時先生，三是葛浩文先生。沒有他們的具體幫助，我連生存都成問題。從國內來到美國，人地生疏，第一次領悟到「舉目無親」的恐慌。幸而在芝加哥大學的頭兩年裏，有李歐梵支撐着。他是芝加哥大學東亞系東亞文化研究中心的主任，剛從魯斯基金會那裏申請到二十四萬美元的研究費用，研究的課題是「對中國文化的反思」。正好，我們這群流亡者（包括李陀、甘陽、黃子平等）欠缺的正是生存費用與文化反思。「反思」一詞，是我在八十年代首先倡導的，這回又可增添一項對「六四」事件的反思，名副其實。我當時把芝加哥的這些朋友稱作「芝加哥流亡者部落」，李歐梵則是「部落酋長」。他本身很有才華，但此時完全停下自己的寫作，全力安排和保護這個特殊的文化群落。我剛出國，身上一文不名，進入冬天後，又發現自己沒有毛衣、棉衣。說「赤條條來去無牽掛」，那是對「空」的領悟；可是，明白了「空無」的哲學之後，還得「活」，還得生存，還得衣食住行。那時才明白，真正的哲學難點是，悟到四大皆空以後，該怎麼辦？空無哲學能夠幫助我們放下煩惱，但不能幫助我們建立新的生活程序。所以，此時朋友的幫助，實在至關重要。

李歐梵之後，幫助我在學校裏擔任「客座」，駐紮下來，贏得一份工資，能夠安心地從事教學與寫作的，是葛浩文和余英時兩位教授。十年裏，就靠他們三個人。在芝加哥大學的生活行將結束時，葛浩文就到芝大我的宿舍，商討我去科羅拉多大學任教的全部事宜，他已為我安排好了一切。後來所以會選擇科羅拉多作為永遠的住所，在落基山下度過第二人生的漫長歲月，就因為有他在。我曾問他：「您是猶太人，以色列是您的祖國；您移居美國，早已變成美國人，美國是您生長和寄寓之邦；而中國，則是您的研究對象，您是中國當代文學的研究專家和翻譯家。那麼，我問您，這三個國家您最愛哪一個？」他立即爽朗地回答：「我哪個國家都不愛，最愛的是我自己。」可是，那個瞬間，我知道他除了愛自己之外，也愛護我，也在盡他的責任。葛浩文之後，最關心我的是余英時先生。在瑞典召開的「國家、社會、個人」會議，他與嫂夫人陳淑平前往參加了。那一天，在江青家裏，他首先提問：「結束瑞典之行後，你們到哪裏去？」具體地關心我和李澤厚先生的出路。討論時，我和李先生才知道，台灣蔣經國學術基金會北美部分由他和許倬雲先生主持。他表示，返美後我們可以提出申請，他和許倬雲先生會支持。於是，我們流亡生活的最初十年就有了着落。余先生本身滿腹詩書，很有學問，又有慈悲情懷，從內心深處關心我們這些漂泊者。每到新年春節，他都會回應我的問候，送我賀年卡。有一年，他的賀年卡寫道：現在您還得繼續「苦撐歲月」（胡適語），祝您歲月豐富，舉家幸福！他這「苦撐歲月」四個字，印在我的心中，每次碰到困難，我都會想起。因為我苦撐了流亡海外最初也是最艱辛的十年，所以我和妻子退休後，都有了醫療保險和退休金，早已沒有後顧之憂了。李歐梵先生、葛浩文先生、余英時先生，不僅幫助我們在陌生的國度裏立足存身，而且讓我的內心感到非常溫暖，感到自己雖然身處西方，但畢竟還生活在人間。

除了這三位朋友之外，在海外給我心靈輸入暖流的，還有鄒讜、林達光、馬悅然、馬漢茂、聶華苓等朋友。他們都是我心靈創傷的療治者。

療治我心靈創傷的第三個要素是大自然。我在芝加哥大學時對這一要素還沒有太深的感覺，到了科羅拉多後，則明顯地感到大自然在幫助我。我所在的Boulder小城，幾乎每年都被報刊評為美國最宜居城市之一（前五名），評判的標準是生活條件、自然條件、安全條件、文化條件。這個城市共十萬人，科羅拉多大學的師生佔了三萬多人，屬於大學城。而且有落基山作屏障，離大自然很近。我每天早晨起床後都會享受黎明，享受落基山。常與朋友開玩笑說：我現在「相看兩不厭，唯有落基山」。除了山脈之外，還有雪水化成的小河，小河貫穿整個城市，河邊是步行小路，小路上全是繁茂的樹木。閒時在林間散步，一邊鑑賞花木，一邊鑑賞小溪，真是美極了。在散步的時候，我常與菲亞說，上帝對我們多麼好，把我流放到天堂來了。如果上帝委託我設計天堂，那麼，我將以Boulder城為範本。在這個地方隱居，離中國很遠，離美國也很遠，離大自然卻很近。在大自然的懷抱裏生活，心靈時時接受大自然的洗禮，那還有什麼不平？還有什麼傷痕？後來我寫了許多歌吟大自然的短文，說我出國之後，心靈創傷所得到的療治，乃是「意義的療治」，這意義，主要是來自無言無價的大自然。中國古代詩人說：清風明月不用一錢買。可見，無法言說的清風明月，青山秀水，才是無價之寶和無價之藥方。我在散文集《西尋故鄉》裏，記錄了許多大自然療治創傷的詩意感覺，例如：

身心透明的時刻

在屋後的花園裏，我坐在明淨的岩石上思索。高原上柔和的陽光照着青草，照着綠樹，照着鮮花，也照着我。

此時，我是自己的他者。像觀照青草與綠樹一樣地觀照着自己，覺得自己也像鮮花嫩葉一樣被陽光照得很透明。發覺生命的真實與透明，真是高興。自我發現的快樂，唯有自己才明白。

生命像玻璃似透明，這是往昔的夢。往昔，往昔是一個戴假面具的時代，是一個身心緊繃弓弦防範他人的時代，不會自我掩蓋是很難生存的。心中構築一個城堡，讓人看不清自己的憂傷和眼淚。沒有堡壘，就很難存活。那時，身的處處，心的處處，沒有一處是透明的。

自己掩蓋自己，又讓他人塗抹自己。無數正直的思想者，在牛棚內外被塗抹成蟲豸，塗抹成惡鬼，塗抹成黑幫，面目全非。我沒有被送進牛棚，但也被塗抹。一個赤條條的透明的農家子，也變得朦朧與模糊。生活在一個混沌的時代，身心的透明只是夢。

往昔，畢竟已是往昔。此刻，我該看看陽光下的自己。生命真的已經透明，身上那些被他人所掩蓋、所塗抹的一切已經融化，陽光下的肝膽與心靈像雨後的花朵一樣新穎。人類所發明的一切，皮鞭、監獄、牛棚、高帽、批鬥會、威脅、咆哮都離我很遠。儘管海的那一岸還有骯髒的牙齒在咬嚙我的文字，但畢竟離我很遠，像離我很遠的烏雲。他們已不能像往日那樣任意摧毀我生命的真實與透明。……真實與透明的生命多麼好。往日需要遮遮掩掩才能說出的話，此時，可以在陽光的微笑中自由地抒寫，往日需要扭彎咽喉才能唱出來的歌，此時可以率真地唱給原野。心臟在跳動，每一節拍都在支持我直抒胸臆。我可以自由地展示光明、展示人間，也可以自由地展示黑暗、展示牛棚，還可以自由而透明地展示被奴役過的心靈，包括展示革命名義下屠伯們的凶殘與凶殘下的眼淚和血。許多需要付出遍體鱗傷和死亡代價的語言，我在這棵高高的白樺樹下，卻如同雪水自由地往大地滴落。身心透明時才能意識到生的意義和寫作的意義，該吶喊的時候就吶喊，絕不想到技巧；該透明的時候就透明，絕不想到朦朧；該朦朧的時候就朦朧，絕不想到確定；該批判的時候就批判，絕不想到評論家的嘲笑；該超越的時候就超越，絕不想到革命家們的失望。

我是自己的他者，我喜歡看陽光下透明的自己，赤裸裸的，像水晶石，像五十年前故鄉那個赤條條的農家子。

一九九五年三月

由於書本、朋友、藝術、大自然的幫助，我的心靈再一次贏得完整。這完整的標誌就是只要用一副面孔生活了。我為此而慶幸。在《慶幸》的短文中我說：

……一位從北京來到紐約訪問的朋友打電話對我說：這回你真幸運，不必表態、檢查、交代，不必用兩副面孔生活，我們這兩年又是會下一副面孔，會上一副面孔，真難受。我經歷過兩副面孔生活的歲月，知道這種生活是怎樣糟蹋自己的心靈和怎樣扼殺自己的天真天籟以及做人應有的誠實。真正的戰鬥需要戴上盔甲，盔甲再重，心裏也舒坦；而虛假的戰鬥戴的全是面具，面具再輕，也覺得沉重。它總是把靈魂壓迫得不像樣子。我慶幸這幾年自己可以用一副面孔生活，不必說假話，不必編撰欺騙別人也欺騙自己的謊言。

所以近年來我在總結自己的海外生活時一再說，我在二十多年的漂流生活中贏得三樣最美好的價值無量的東西：一是自由時間（時間再也無須被行政、雜務所割切了）；二是自由表述（這是最高的價值）；三是完整人格、完整心靈，最寶貴的心靈不再分裂，不再化作碎片了。

第十章

《紅樓》徹悟：對賈寶玉心靈的大徹大悟

一九九六年攝於美國落基山

二〇〇〇年前後，即世紀之交，我在香港城市大學中國文化中心（鄭培凱先生主持）講課。當時我已「返回古典」，講解的都是清代以前的文學。這又正好符合中國文化中心「不講現當代」的要求。我除了刻意打破縱向講述（按時間順序的編年講述），而嘗試橫向講述「中國貴族文學」、「中國放逐文學」（中國流亡文學）、「中國輓歌文學」、「中國謳歌文學」之外，便是側重講述四大名著，即《三國演義》、《水滸傳》、《西遊記》與《紅樓夢》。對於這四大名著的講述，也是我心靈原則的進一步確立。出國之後，我就要求自己（也是內心要求），一定要告別《水滸》的凶心（告別革命），告別《三國》的機心，包括世故之心，而追求「西遊心」（不怕艱難、尋求自由之心）和「紅樓心」（慈悲、悲憫之心）。我先講述《紅樓夢》，在講述之前，我已重讀《紅樓夢》多遍，在備課時有一種永遠難忘的生命體驗，這也許就是馬斯洛所說的「高峰體驗」。後來我明白了，這正是王陽明「龍場徹悟」似的大徹大悟。王陽明（王守仁）是明代大儒，二十八歲時參加禮部會試，獲得殿試賜二甲第七名進士，授官刑部主事，後又被啟用為兵部主事。

明武宗正德元年（一五〇六）冬，把持朝政的宦官劉瑾逮捕了南京給事中御史戴銑等二十餘人。王陽明上書請救，觸怒劉瑾，被廷杖四十，發配到貴州龍場做一個最小的官員——驛丞。驛站設驛丞一人，吏一人，馬二十三匹。王陽明雖為驛丞，但因為是戴罪之官，所以不得居住在驛站，只能在離驛站不遠的小孤山洞口搭個草庵棲身。處此大逆境中，原先所學的「格物致知」那一套（朱熹）理學已不頂用。但他心志不凡，絕地逢生，一天夜裏，他突然「神悟」降臨。那天晚上睡覺時，他的靈感四處衝撞，彷彿有人告訴他「格物致知」的要旨。於是，他從石床上一躍而起，大徹大悟，明白聖人之道，全在「吾性自足」，以往「求理於事」，全都錯了。此時此刻，他悟到：一切取決於自己的心靈。心即理。通過「心」去找「理」，才是光明正道。要抵達「理」，不是通過「格物」，而是通過「格心」。心外無物，心外無理，心外無天。一切都在心中。「夢裏尋他千百度，驀然回首，那人卻在，燈火闌珊處。」王陽明尋找、求索的聖人之「理」，原來就在自己「心」中。王陽明那天夜裏的大徹大悟，使他創造了「心學」。在中國文化史上，他完成了從理學到心學的巨大轉變。整個儒家學說，也從此找到了新的源頭。我在國內求學期間，提起王陽明，教科書和老師們總是說，王陽明是「極端主觀唯心主義」。我接受了這種判斷，對王陽明心存偏見，未曾認真閱讀他的著作。出國之後，我面臨許多難關，語言關、生活關、工作關，每道關都很難過，而最難越過的則是心理關。遠離故鄉、故國、故人，孤獨、寂寞、痛苦到極點，心理便發生了危機。能通過心理的難關，才能說得上別的出路。因此，對於我，當時最重要的是，自己要成為心理的強者，心靈的強者。心理強，則是勝利者；心理弱，則是失敗者。我不能在各種難關面前舉手投降，率先消滅自己。相反，我必須首先挺起胸膛，壯大自己，贏得心理的強大與健康。於是，我意識到，此時此刻，唯有「心」可救我。心靈狀態決定一切，心靈狀態決定成敗，心靈狀態決定流亡的走向與去向。也就在此時此刻，王陽明重新進入我的生命，他的代表作《傳習錄》在這個時候贏得了我的愛。此時，我感到王陽明格外親切。他說的心外無物，心外無理，心外無天，我不僅理解了，而且感到思想與他息息相通。於是，我振作起來，高舉自己的心靈，像兒時在鄉村裏高舉松明點燃的火把。我再也不管這是什麼唯心論還是唯物論，是「主觀唯心」還是「客觀唯心」，就相信心學是真理，相信「心靈狀態決定一切」，無論如何，自己一定要當一個心靈的強者。

沒想到，就在這個時候，因由備課《紅樓夢》，賈寶玉的心靈走進我生命中，並展示在我的面前。備課的這一天夜裏，我睡在床鋪上，彷彿也靈感燃燒，彷彿也聽到有人提示我：「賈寶玉，賈寶玉，那不是『物』，也不是『人』，那是一顆『心』！這顆心，是《紅樓夢》之心，是詩之心，是小說之心，是文學之心，是你我的應有之心。讀懂這顆『心』，就讀懂了《紅樓夢》，就讀懂了世界、人類、歷史，就讀懂了一切。今後，你不管走到哪個天涯海角，都要雙手捧着這顆『心』！」聽了這些話，我突然驚醒，醒來時滿身大汗。奇怪，夢中悟語的每一句話，每一個字，我都記住了。於是，我鋪開稿紙，渾身燃燒，雙手顫慄，開始寫《賈寶玉的心靈內涵》。寫時情感如海潮洶湧，驚濤拍岸，高度亢奮。就在那個瞬間，我徹悟到，賈寶玉這顆心，是「十無」之心。

這顆心，無敵（沒有敵人）；

這顆心，無爭（從不參與爭名奪利）；

這顆心，無待（從不依附、依賴，完全獨立）；

這顆心，無染（出淤泥而不染，處貴族之家，卻毫無紈絝子弟之習氣）；

這顆心，無私（賈寶玉只會關心別人，自己被雨淋了，不知照顧自己，只關心其他雨中人，難怪兩個老太婆笑他是個「呆子」）；

這顆心，無猜（賈寶玉心中不僅沒有敵人，沒有壞人，也沒有假人。誰說的話他都相信。襲人和劉姥姥哄他的話，他也信）；

這顆心，無懼（傳說瀟湘館鬧鬼，王熙鳳嚇得魂不附體，但寶玉卻全然不怕，而且要去觀看。人們都說他「膽大」，唯有史湘雲說他是「心實」。寶玉心靈坦坦蕩蕩，實實在在，當然也就無所畏懼）；

這顆心，無恨（趙姨娘那樣加害賈寶玉，他卻從不說趙姨娘的一句壞話。賈環企圖用滾熱的油火燒毀他的眼睛，他也不計較，不生怨恨）；

這顆心，無嫉（賈寶玉根本不知道什麼叫嫉妒，只會欣賞他人的才能，在詩社裏寫詩賽詩，他被評為「壓尾」（最後一名），但仍然很高興）；這顆心，無謀（賈寶玉沒有半點機心，從不把心思用於對付他人。離《三國演義》機謀最遠的是誰？是賈寶玉的心靈）。

什麼叫作佛心、童心、赤子之心？賈寶玉的心靈便是。什麼叫作純粹之心、高尚之心、有道德之心？賈寶玉的心靈便是。

我在香港理工大學的《紅樓夢》講演（題為《紅樓夢的三維閱讀》）中，特別說明了賈寶玉這顆心靈的內涵和我的高峰體驗。這一段體驗在我人生當中實在是個關鍵，所以我把演講的有關部分摘錄於下：

二〇〇〇年我在城市大學講解《紅樓夢》的心靈閱讀的時候，那天晚上備課，突然有一個大感悟、大徹悟，我自己十分激動，高度亢奮，差一點就哭出來了，因為我讀懂了《紅樓夢》中賈寶玉的心靈了。我自覺我對賈寶玉心靈的領悟，很像王陽明的「龍場頓悟」。王陽明當時被貶為貴州龍場驛丞。在龍場，他日思夜想，有一天晚上，突然有個大徹悟，發現了一個原理：原來真理即心靈。王陽明認為，他過去崇尚朱熹等人，講「理」；而現在終於明白，心即是理，心外無物，心外無理，心外無天。此後他便講理心合一，知行合一，致良知等，發揮了陸九淵的「吾心即宇宙、宇宙即吾心」的思想。後來蔣介石先生和毛澤東先生都非常崇拜王陽明，而我呢，是出國以後才崇拜他。以前不懂得崇拜，因為大陸說他是主觀唯心主義啊！這時才覺得了不得，心靈的狀態可以決定一切。我到海外來了，接受了這個「心學」以後，整個就變成了心靈的強者了。

那天我的感悟，非常像王陽明的「龍場頓悟」，大徹大悟，原來《紅樓夢》最了不得的地方，就是塑造了賈寶玉的一顆偉大心靈。而曹雪芹最偉大的貢獻，就是為中國人民創造了一個永遠不落的心靈太陽。當時我高度亢奮，興奮得不得了。整整十年了，到現在還有一點興奮。因為我讀懂了賈寶玉的心靈。

我在香港三聯的一本書，叫作《什麼是人生》，其中談到了賈寶玉。我說，賈寶玉這個人是「三無」：第一，無敵，他沒有敵人；第二，無爭，他從來不爭名奪利；第三，無待，他從來不依附，不依賴，獨立做人！因為篇幅有限，我只講了這「三無」。其實，賈寶玉的心靈至少有十個「無」。除了上面的「三無」，首先一個是「無染」，他出淤泥而不染，生活在一個貴族家庭的大家族裏，卻永遠像個孩子，永遠守持天真天籟，永遠單純純粹。第二個是「無私」，他沒有私心，總是想到別人，所以有兩個老太婆議論他：「這可不是個呆子。」玉釧兒拿着藥湯給他喝，不小心潑到了他的手上，照說，他應該生氣，但他卻只管問玉釧兒：燙了哪裏了，疼不疼？本來是他自己手被燙傷了，卻首先關心別人是不是被燙傷了。這就是他的無私。第三個是「無猜」，沒有猜想和猜疑。他跟林黛玉兩小無猜，兩個人的情愛很單純，沒有猜疑。所以他寫的禪偈非常好：「你證我證，心證意證。是無有證，斯可云證。無可云證，是立足境。」這些都是無猜。無猜，表現出來的是，他覺得世界上不僅沒有敵人，而且沒有壞人，沒有假人，任何人跟他說的話，他都相信，不加猜疑，連別人編造的話他都相信。襲人告訴他，我哥哥嫂嫂要讓我回家了，就嚇他一跳。然後襲人說，如果你不讓我回去，要答應我三個條件。賈寶玉說，一百個條件都可以，你說吧。襲人就說，第一不要輕言生死，毀僧謗佛；第二，你要好好讀書，哪怕你不要好好讀書，也得裝裝樣子給你爸爸看；第三，你不要調脂弄粉，再不許吃人嘴上擦的胭脂了。賈寶玉就連聲答應，人家哄他的他都信。又比如劉姥姥哄他說，我們鄉村有一個漂亮姑娘，死得早，家裏給她蓋了廟，塑了像，年久失修，塑像成了精，時常出來閒逛。賈寶玉就相信了，第二天就和人一起去找這個廟，結果根本沒有這回事。賈寶玉不僅是有情，而且「情不情」。前面的「情」是動詞，後面的「不情」是名詞。「情不情」，就是對不情的人和物，他也投入感情，這是他了不起的地方；同時，他不僅「情不情」，而且還「善不善」，對那些不善的人，他也可以充滿善心地對待。還有「真不真」，對那些不真的人，他也用真誠來對待。賈寶玉的心靈是真的好，所以他心裏沒有敵人，沒有壞人，也沒有假人。第四個是「無懼」，他沒有什麼好怕的。比如有人說，瀟湘館在鬧鬼，王熙鳳一聽就嚇得要命，因為她心虛。賈寶玉則不怕，他說林妹妹那邊鬧鬼，那我一定要去看。後來史湘雲說，他不是膽大，是「心實」，所以他不怕鬼。而且賈寶玉很奇怪，他的心靈沒有我們這些世俗人的生命機能，比如說，不會仇恨，不會嫉妒，也不會算計，所以他「無恨」，「無嫉」，「無謀」。我用上面這十個「無」來概說賈寶玉的心靈。對於賈寶玉來說，不是別人對我怎麼樣，而是我應該對待他人怎麼樣。所以，他的父親把他往死裏打，冤枉他，委屈他，可他對父親卻一點怨言都沒有。他認為，父親冤枉我，是父親的事情，可我應該敬重父親，這是我的品格。賈寶玉平時出門的時候，都有好幾個僕人跟着他，有一次路過父親的書齋，他趕緊下馬，跟隨的小夥計告訴他，今天老爺不在家，不用下馬。但賈寶玉說，不行，我們還是要下馬。不僅下馬，還對着老爺的書房鞠了個躬。賈寶玉對父親感情很深。我覺得，我們對待自己的祖國，也應該像賈寶玉對待父親一樣。祖國喜歡不喜歡我，委屈不委屈我，這對我來說不重要，重要的是我必須正確地對待自己的祖國。祖國的山川、土地、同胞、文化，永遠要無條件地愛。所以我連「我愛祖國，祖國不愛我」的怨氣都沒有。因為我在向賈寶玉學習，他才真的是我們的楷模。曹操的哲學是：「寧教我負天下人，休教天下人負我」；而賈寶玉正相反，他的哲學是「寧教天下人負我，我不能負天下人」。他的心靈這麼美！所以我認為，賈寶玉的心靈，是世界文學史上最純粹的心靈；賈寶玉的心靈，就像創世紀的第一個早晨沒有污染過的露珠一樣純潔。我們能在世界其他文學作品中找出心靈比寶玉更純粹的人物形象嗎？這就是我對《紅樓夢》心靈的閱讀。通過這個閱讀，我發現了賈寶玉的心靈，這讓我非常激動，徹夜難眠。

發現賈寶玉的心靈乃是人類文學史上所塑造的一顆最純粹的心靈之後，賈寶玉便成為我的榜樣。他的心靈也成了我的心靈鏡子。我的心靈修煉，朝着哪個方向修煉？就朝着寶玉的方向修，朝着寶玉的方向煉。我知道，如果從世俗角度看，會把寶玉看作一個世俗人——一個貴族紈絝子弟，富貴閒人，什麼本事都沒有，既不能「齊家」，也不能「治國」，更不能「平天下」，「立功」、「立德」、「立言」都沒有他的份。所以他父親賈政討厭他，一見到他就心煩。有些《紅樓夢》論者正是這樣看待賈寶玉的，覺得他遊手好閒，不可靠近。這些論者只看到賈寶玉的「形」，未看見他的「神」；只看到他的「身」，未看見他的「心」。而我卻把寶玉視為一顆「心」。我肯定高鶚的續書，也是因為最後寶玉佩戴的玉丟失時，寶釵與襲人慌亂地尋找，他卻說，別找了，我已經有了「心」，還要那玉幹什麼？這就抓到了要害處。寶玉本就有一顆純粹的本心、真心，最後自己也意識到自己身上最寶貴的不是「玉」（貴重的物質），而是「心」（非物質）。因為把賈寶玉視為一顆「心」，所以就明白它有如創世紀第一個早晨的露珠，從未被塵埃污染過。這顆心靈非常純粹，既無功利之念，也無因果之思。它從不知「分別」，完全沒有世俗社會的貴賤之分，尊卑之分，世俗眼裏的貴夫人和丫鬟奴婢，在他眼裏都是「人」，都值得尊重與敬重。晴雯就是晴雯，鴛鴦就是鴛鴦，她們都是美麗、善良、聰慧的生命，絕不是什麼女奴、丫鬟、下人，所以他愛她們，把她們視為朋友與「知己」。他對母親、姨媽、姨娘等，都以禮相待，敬重她們，連總是要加害自己的趙姨娘，他也從不說一句壞話。賈寶玉愛一切人，寬恕一切人，但這些都不是出於理念，不是因為釋迦牟尼的「指示」，而全憑他的天性、心性，他天生就超勢利，超算計。他的心靈沒有俗人那種仇恨的功能，嫉妒的功能，算計的功能。他的心靈原則存在於他的潛意識裏，下意識裏，存在於他的血脈深處。他的心靈原則是從不計較他人「對我如何」，哪怕他人是委屈我、誤解我、蔑視我、凌辱我，我都不計較，更不會報復。重要的是我如何對待他人。我虧待他人便不安，我忽略他人即錯誤。這就是「寧教他人負我，休教我負他人」，與曹操那種「寧教我負天下人，休教天下人負我」的原則正好相反。賈寶玉這種心靈原則，給我以極大的啟迪。所以我把祖國比作父親，認定父親冤屈我、放逐我，那是祖國的事。而我必須永遠敬重父親，熱愛祖國，這是我的人格，我的精神品質，我的心靈原則。我應當無條件地愛祖國的山川、土地、同胞、文化。即使祖國用重棒打擊我的這種理念，我也要堅持。通過對《紅樓夢》的真誠領悟，賈寶玉的心靈原則化作我的心靈原則。「寧教他人負我，我不負他人」，「寧教祖國負我，我不負祖國」，成了我的內心口號。以往學雷鋒時，我總是想「製造」一些好事給人看；而學寶玉，我則沒有任何一點「表現」之心，只是在內心深處記住，應當如何做人，如何守持心靈原則。

因為有賈寶玉的心靈作為自己的心靈標尺，所以我對「三國心」即機心、世故心就特別討厭。不管是曹操，還是劉備，他們都沒有真實的心靈。曹操為了達到目的，寧負天下人，而劉備則知道，愈是善於偽裝，成功率就愈高。他們口頭上講的是「義」，內心裏則只念念不忘一個「利」字。賈寶玉是個「真人」，而劉備則是「假人」。前者是仁愛仁厚，後者是假仁假義。

我在對《紅樓夢》的閱讀中，一再聲明，我不是把《紅樓夢》作為研究對象，而是作為心靈感應對象，即以心去發現心。在《紅樓夢》中，我發現許多美麗純正的心靈，而第一發現（最重要的發現），則是發現賈寶玉心靈的極度純粹，極度善良，極度慈悲。

第十一章

心靈復歸何處？「反向行走」意識的覺醒！

一九九八年攝於美國科羅拉多

在世紀之交發現賈寶玉的心靈光輝之後，我的生命歷程中又發生了一件大事，那就是我的摯友高行健獲得諾貝爾文學獎。那之前十幾年，我不斷評論高行健。九十年代末，我把行健兄的代表作《靈山》背回北京打印；在斯德哥爾摩大學擔任客座教授期間，我竭力推薦高行健獲獎。現在終於有了結果，我當然非常高興。行健兄獲獎一個多小時後，給我打電話說：「無論如何，我們算是很爭氣！」不錯，我們流亡海外，戰勝無數困難，總算爭了氣。行健兄接着又在電話裏問我：「要不要到斯德哥爾摩參加頒獎典禮？」我說我在斯大客座了一年，不想再去瑞典了。他就說：「那就把諾貝爾獎章的副章給你。」獎章共有三枚，我自己留一枚，另兩枚，一枚給法國的朋友，一枚給你。」我說別的禮物我不接受，諾貝爾獎章我還是要的。於是，他就在第二年二月訪問香港時把獎章贈送給我，用一個藍色的盒子裝着，盒子下邊寫着：「再復吾兄雅玩！」贈予諾貝爾獎章畢竟不是件小事，所以那天晚上，《明報月刊》總編輯潘耀明兄為行健兄和我舉行了一個小小的餐會，算是贈送儀式。餐會還邀請了城市大學黃玉山副校長參加。為此，耀明兄還在他主編的《明報月刊》發了一篇文章和一幅照片。

那天晚上，面對諾貝爾文學獎獎章，我在想，雖然不是我得了獎，但我畢竟和行健兄手拉着手一起走向文學的高峰，我的人生終於也抵達了一個高點。那一刻，我想到，此後的人生應該不是繼續往前走，不是去爭取更大的榮譽、更大的權力和更多的財富，而是應該反方向行走，即向着童年、童心的方向努力行走。「反向行走」的意識就這樣冒了出來，這樣產生了。為此，我自己高興得不得了。興奮了一陣之後，我對自己說，對！此後的人生就是「復歸」，如《道德經》所言，「復歸於嬰兒」，「復歸於樸」，「復歸於無極」。多好呵！我找到心靈的方向了！那天晚上，我覺得自己又有了一番徹悟，其意義絕不在得諾貝爾獎之下。感謝行健兄，帶給我光榮之後，又帶給我新的徹悟。今後，也就是二十一世紀，我將努力反省二十世紀，也將作切實的「反向努力」，朝着赤子之心的方向努力，朝着靈山上的佛心方向努力！

世紀之交，我在課堂裏除了講授四大名著之外，還講授「老六經」——《山海經》、《道德經》、《南華經》（《莊子》）、《六祖壇經》、《金剛經》以及我的「文學聖經」（《紅樓夢》）。所謂「反向努力」，我曾用《道德經》中的三個「復歸」來表述，即「復歸於嬰兒」，「復歸於樸」，「復歸於無極」。復歸於嬰兒，是朝着嬰兒的方向往後走，這好理解。復歸於樸，一般都解釋為復歸於「質樸的生活」，這沒有錯，但我補充了兩個層面，即回歸「質樸的內心」，回歸「質樸的語言」。至於「無極」，我則把它聯上王陽明的「吾心即宇宙」，「宇宙即吾心」。因此，便是朝着宇宙的無限廣闊之心的方向走。

世紀之交，我的心靈本來就動盪，因為找到方向，就更為活潑，活潑得快要跳出胸膛。這種感覺幾乎天天都有。那時，我想到人生必須有個往回走的「反向」階段。古希臘的史詩《伊利亞特》與《奧德賽》，就概括了人生的兩大步驟（也可以說是兩大經驗）。前者是「出征」、「出擊」，這是朝前走，往正方向走；後者則是「回家」、「回歸」，往後走，朝着相反的方向走。往前出征出擊不容易，往後走也很困難。《奧德賽》描寫奧德修斯在回歸的路上，遇到了風浪、妖魔等各種阻攔，並非「一帆風順」。我的內心旅程比奧德賽之旅更為艱辛，那是與「虛榮、慾望、野心」的較量，那是放下、放下、再放下的考驗。我知道，許多人在年邁之後已經放不下，很難再往回走了。而我，卻在六十歲的時候產生了「反向意識」，還能「往後走」，這就是勝利，這就是人生的凱旋。關於這一點，我在更早的時候就表述過。所以劍梅在為我的散文詩集《讀滄海》作序時就寫道：

……朋友常說他雖然是理論家，可是很有詩人氣質。我也非常同意。其實，他不僅有詩人的氣質，還有詩人的他在海外尋找情感的故鄉，最後找到的還是那一片天真天籟的孩提王國。

這是劍梅一九九九年十月為我寫的序文，她已經發現，我的《尋找的悲歌》，最後找到的還是「天真天籟的孩提王國」，也就是最後的歸宿還是童心，赤子之心，嬰兒狀態。

反向努力，這是我晚年的心靈狀態。對此，我自己格外重視，並把它變成自覺意識。因此，二〇一〇年，我在美國寄寓的科羅拉多州的一次正式的公眾演講中，選擇的講題是《第二人生的心靈走向》。這已是高行健獲獎後的第十年了。在講演中我說：

我想說說第二人生心靈走向。我一直認為，一個人重要的不是身在哪裏，而是心在哪裏，也可以說，重要的不是身往哪裏走，而是心往哪裏走，或者說，心往哪個方向走。如果用立命這一概念來表述，那麼立命的根本點就在於「立心」。早期魯迅有一思想，說「立國」應先「立人」。借用這一語言邏輯，我們可以說，「立命」應先「立心」。我沒有「為天地立心」的妄念，但有「為自己立心」的自覺。

此時我要用一個短語來表述我的心靈方向，這就是「反向努力」。也就是說，這二十多年我的心靈走向，不是沿着人們通常理解的那種向前向上的方向去追求更大功名、更高權力、更多財富，而是朝着相反的方向去努力，即向後方、向童年、向童心、向樸質這一「反」方向去努力。我在散文詩中曾說，回歸童心，這是我人生最大的凱旋。我甚至給自己規定很明晰的人生目標，確認第一人生是從「無知」走向「有知」，即通過上學、讀書、受教育、做學問，以從一個蒙昧的孩子變成一個有知識、有學問的人。而第二人生正好相反，我要努力做一個人，努力從「有知」變成「無知」。所謂「無知」是指「不知」，即變成一個像嬰兒那樣不知算計、不知功過、不知輸贏、不知得失、不知仇恨、不知報復、不知生存策略、不知恩恩怨怨的人，也就是回到莊子所說的「不開竅」的「渾沌」，莊子所講的「渾沌」，乃是天地之初、人生之初的本真本然。

我認為，一個人有了權力、財富、功名之後，最難的是保持質樸的內心。質樸的內心也就是童心、赤子之心。二〇一三年，北京知識界的一些朋友聚會，慶祝周有光先生一百〇八歲壽誕。《經濟日報》記者馬國川先生希望我說幾句話。我雖從未見過周老，但很尊敬周老，於是遵命寫了幾句話：

周老最讓我驚奇的不是他的高齡，而是他在一百歲之後卻擁有兩樣最難得的生命奇景：一是質樸的內心；二是清醒的頭腦。

質樸的內心，是我的心靈方向，也可以說是心靈目標。我覺得周老的生命奇觀，奇就奇在百歲之後也是名聲極大之後仍然保持質樸的內心，仍然說真話，說那些他人心中都有但口中皆無的真話真理，他的寶貴之處就在這裏。去年他一百一十二歲時去世了，但他的名字和他的生命奇景將永遠留在史冊裏。

孔子說人生進入「七十」之後，應當「從心所欲而不逾矩」。這也是對心靈歸宿的一種期待。我七十一歲（二〇一二年）時在北京三聯書店出了一部文集，命名為《隨心集》，也是對自己的心靈提出如此的期待。而我敢於說「隨心所欲而不逾矩」，就因為我的心靈方向與心靈目標已經確定。我所說所寫的一切，會像赤子那樣，該說的話就說，不情願說的話絕對不會說。「不逾矩」的「矩」，就是我的良心底線。無論走到哪個天涯海角，無論站在哪個講壇，我都不會忘記捧着跳動的良心說話。

第十二章

走向更高遠的心靈境界

二〇〇五年攝於台灣中央大學

我的《五史自傳》，既寫「心靈史」，也寫「思想史」。前者側重寫人性，寫感性；後者側重寫知性，寫理性。「思想史」寫的全是「意識」，「心靈史」則包含潛意識。讀書，固然有理性，但更多的是潛移默化，人性積澱。

寫作「心靈史」之後，更加明確，人生的最後歸宿應歸結為心靈境界。

此時我已年近七十七歲，對人生已有許多徹悟，也完全明白，到了此時，形體只能一天天走向衰落，但心靈還可以不斷生長、成長，直到生命的最後一息。今天寫了這一頁，明天不滿意，覺得可以寫得更好，這便是成長。對於心靈境界，我也認定可以不斷提高。到了晚年，我就治好了一種心病，這便是鄉愁。三十年前我出國時，最難過、最難受的便是「剪不斷，理還亂」的鄉愁。我知道自己犯的是單戀祖國與故鄉的相思病。於是大約有十年，我陷入了絕對的孤獨。我的《漂流手記》十卷，其主題便是為了排遣鄉愁而安慰自身的「重新定義故鄉」。一天也離不開故鄉故國，這是我的人性弱點。近幾年，我開始反省，這才明白，鄉愁乃是一種病痛。這是中國幾代漂泊在外的知識分子共同的病痛！這種病痛，限制了自己的心態與視野，看什麼、寫什麼都離不開中國語境。我界定的自己的第二人生，乃是「中國流亡者」的人生，不管思考什麼，總是離不開「中國」二字。而現在我已進入第三人生，這是世界公民的人生，着眼的是世界與全人類，是文化底蘊和文明程度，心靈境界比第一、第二人生更高更遠了。所謂高遠，並非「好高騖遠」，而是以平常心對待一切，特別是已經面臨的「生老病死」。

我的朋友、著名哲學家李澤厚先生一再告訴我，哲學的難點是：看透了人生之後怎麼辦？看透了，四大皆空，很好；但看透之後，還得生活，還得過日子，那該怎麼過？怎麼活？討論時我發表意見說：看透與看不透是不同的，看透了，才能抵達四大皆空的心靈境界，免除對於生老病死的恐懼。對於生，才能超越功利、因果等算計；對於老，才能超越對青春消失的慌張；對於病，才能從容接受，從容治療；對於死，才能超越本能，勇敢面對。這一切，全是以平常心對待，這便是境界，因此，以「平常心」對待一切，並非小事，而是很高的心靈境界。

時至今日，許多人還在崇拜德國哲學家尼采。尼采告訴我們，得道之後應當是「超人」。而慧能告訴我們，得道之後，應當還是「平常人」，守持「平常心」。誰說得更有道理、境界更高呢？當然是後者。接受前者的，成了希特勒；接受後者的，則是慧能。

在慧能眼裏，得道，飛黃騰達，位極頂峰，都是過眼雲煙，最後還是歸於「無」，歸於「空」。即便黃袍加身，即使給予「王者師」桂冠，也是空。所以他拒絕充當「超人」，再大的榮耀也無動於心。

慧能知道，人世間最可寶貴的是自由。自由自在，觀雨聽風，站在世界的邊緣上，用一雙冷眼靜觀其變，自己卻從容思想，該「說」即說，不情願說便不說，整個身心屬於自己，這是多麼高遠的精神境界，多麼高遠的大智慧。

世界從來如此，舊橋斷了修新橋，你方唱罷我登場。說什麼「改造世界」，說什麼「革命神聖」，全是妄念。時局好點，不必高興；時局壞點，不必動氣。

以平常心視之，一目了然。

在慧能眼裏，看淡一切，世上沒有什麼過不去的坎，也沒有什麼永恆的榮華富貴。人生反反復復，浮浮沉沉，一切光榮與災難都會過去，只要有一顆「平常心」，任外部山搖地動，我仍然內心平靜，仍然沉浸於思索。

慧能太了不起了。他雖然是佛家的一個宗教領袖，但沒有任何偶像崇拜，當然也不要人們崇拜他。他心目中最高的價值是「自由」。除了心靈自由，他什麼都不要。武則天、唐中宗派薛簡將軍請他入宮當「王者師」，他也不要。為了自由，哪怕黃袍加身，哪怕「王者師」桂冠，他都不在乎。贏得自由，是需要氣魄的。慧能擁有的正是這種為自由而放下世俗一切的大氣魄。在高行健的戲劇《八月雪》裏，我明白了他在小說《一個人的聖經》中所表述的那個「自由原理」：自由不靠上帝的賜予，也不靠政府賜予，全靠自己的覺悟。自己意識到自由，才有自由。也就是說，自由源於自身，自由就在自己的手中。慧能把自由視為最高價值，所以他拒絕外部力量的一切誘惑，包括黃袍與桂冠的誘惑。他知道，一旦進入宮廷，雖然會贏得無上的世俗榮耀，會讓無數人傾慕、傾倒，然而，必須付出一種代價，那就是失去自由的代價。因此，慧能作出一般人做不到的選擇：拒絕入宮，守持自由。這種選擇所表現出來的價值觀，便是心靈自由。我之所以激動不已，正是因為這一點。這種選擇太不容易，太不簡單了。我知道，高行健筆下這個《八月雪》的主人公正是高行健自己。也就是說，慧能即行健，行健即慧能。在與高行健多年的通話中，他一次又一次告訴我：自由表述是我們的最高價值。我們的廣闊天地，就在自由表述之中。慧能表現出來的，正是關於他的這種關於自由的「無上正等正覺」。高行健確實有才華，在《八月雪》中，慧能為了自由，不僅不屈服於政治勢力（宮廷壓力），而且不在乎宗教勢力。禪宗的傳統，乃是「衣缽傳宗」的傳統。可是，高行健設置了一個慧能打碎「衣缽」的驚人情節，他打破這個傳統，因為他深知，為了「衣缽」，禪宗內部一定會發生紛爭，甚至會流血。因此，他果斷地粉碎這個傳宗接代的象徵物。我沒有考證這一情節是否出自歷史的真實，但知道禪宗止於六祖，慧能之後再也沒有「七祖」、「八祖」的出現，僅僅憑藉這個事實，高行健創作的「打碎衣缽」的情節便可成立。我身處學界之中，深知學界山頭林立，宗教紛爭的危害，絕不亞於政治的危害。慧能為了贏得真正的自由，不僅不能屈服於政治力量，也不能屈服於宗派力量。這種精神確實是人間最難得的獨立不移的精神。

慧能是寺廟的主持，算是一方「活佛」，但他沒有半點「教主相」，「宗教領袖相」，僅僅守持一顆「平常心」。二〇〇〇年，我在香港城市大學中國文化中心講述《六祖壇經》，特別強調慧能的這種精神品格。一個人有了成就之後，還能做平常人，持平常心，這是很難也很了不起的。說一個人擁有佛性，其實，這正是佛性。一般的俗眾，有了權力、財富、功名之後，都難免要擺架子，翹尾巴，瞧不起人。而真有佛性的人，則視權力功名等一切為「平常」，絕不以此顯耀於人。我在講課中，把慧能與尼采作了對比，以此說明世界上的兩種不同心靈狀態。一種是慧能之心，他提示我們：人得道（有了成就）之後要做平常人，持平常心。而尼采則告訴我們：得道之後可以充當「超人」，可以高高地站立於庸眾之上。這兩種心靈，哪一種更美？當然是慧能之心更美。然而，一百年來的世界都以尼采之心為美，至今對尼采的喝彩之聲仍然不絕於耳。可惜，世上很少人知道，中國在一千年前出現的慧能的思想，做平常人的思想，比尼采精彩、深刻一百倍，一千倍。尼采的「超人」思想把「自我」膨脹為新的上帝，以為新的上帝可以充當大眾的救世主。超人可以蔑視大眾，也可以擺佈大眾。而慧能則真誠地尊重大眾，而且認為任何成功者也都應當永遠成為大眾的一員，不可有任何高高在上和凌駕於大眾的念頭。尼采的理念使人變成瘋子（他自己最後發瘋了，也導致了希特勒的發瘋），而慧能的理念卻使人變成赤子。慧能拒絕進入宮廷去當「王者師」之類的花瓶，不當騙人的、根本不存在的救世主，而只當一個實實在在的自救者，學佛、唸佛只是為了自明、自渡、自救。我相信，未來的世界會認識到慧能心靈的偉大。他的心靈，才是我們的心靈歸宿。我甚至敢於斷言：世界心靈歸宿於尼采，那將是災難；歸宿於慧能，那將是莫大的幸運。

我讀心靈史，覺得創立第一心學的是王陽明，他超越了善惡、是非，而讓「良知」君臨一切，最後獨尊「致良知」。創立第二心學的是曹雪芹，他通過《紅樓夢》，尤其是通過主人公賈寶玉而超越了真與假，色與空，形與神，「情」與「不情」，而致力於慈悲。我力爭實現的是第三心學，即超越功過、輸贏、得失、榮辱等算計，而一切均以平常心視之、聽之、行之。第一心學、第二心學和第三心學都是境界。出國後三十年，我致力於中國「四大古典名著」的重新解讀和精神分野，不喜歡《水滸傳》與《三國演義》，而喜愛《紅樓夢》與《西遊記》，就是因為《水滸傳》呈現的是凶心，《三國演義》呈現的是機心，而《紅樓夢》與《西遊記》則皆為童心與佛心磅礴，佛光普照。四部古典名著藝術水平都高，但心靈境界則有霄壤之別！

二〇〇五年攝於巴黎

特約編輯　王　飆
責任編輯　張艷玲
書籍設計　吳冠曼

書　　名　我的心靈史（劉再復自傳之二）
著　　者　劉再復
出　　版　三聯書店（香港）有限公司
香港北角英皇道四九九號北角工業大廈二十樓
Joint Publishing (H.K.) Co., Ltd.
20/F., North Point Industrial Building,
499 King's Road, North Point, Hong Kong
香港發行　香港聯合書刊物流有限公司
香港新界大埔汀麗路三十六號三字樓
印　　刷　美雅印刷製本有限公司
香港九龍觀塘榮業街六號四樓A室
版　　次　二〇一九年七月香港第一版第一次印刷
規　　格　三十二開（130 × 185 mm）一九六面
國際書號　ISBN 978-962-04-4437-1